100位

为新中国成立作出突出贡献的英雄模范人物

张 学 良

王 晶/编著

★

吉林文史出版社

图书在版编目（CIP）数据

张学良 / 王晶编著. -- 长春：吉林文史出版社，
2011.4（2022.4重印）
（100位为新中国成立作出突出贡献的英雄模范人物）
ISBN 978-7-5472-0529-7

Ⅰ．①张… Ⅱ．①王… Ⅲ．①张学良（1901～2001）—
生平事迹 Ⅳ．①K827=7

中国版本图书馆CIP数据核字（2011）第050705号

张学良

ZHANGXUELIANG

编著/ 王晶

选题策划/ 王尔立　责任编辑/ 王尔立

装帧设计/ 韩璘

出版发行/ 吉林文史出版社

地址/ 长春市福祉大路5788号　邮编/ 130118

电话/ 0431-81629363　传真/ 0431-86037589

印刷/ 天津海德伟业印务有限公司

版次/ 2011年4月第1版 2022年4月第7次印刷

开本/ 640mm×920mm　1/16

印张/ 9　字数/ 100千

书号/ ISBN 978-7-5472-0529-7

定价/ 29.80元

《100位为新中国成立作出突出贡献的英雄模范人物》丛书

★★★★★

编 委 会

100 位

为新中国成立作出突出贡献的英雄模范人物

八女投江	于化虎	小叶丹	马本斋	马立训	方志敏
毛泽民	毛泽覃	王尔琢	王尽美	王克勤	王若飞
邓萍	邓中夏	邓恩铭	韦拔群	冯平	卢德铭
叶挺	叶成焕	左权	诺尔曼·白求恩		任常伦
关向应	刘老庄连	刘伯坚	刘志丹	刘胡兰	吉鸿昌
向警予	寻淮洲	戎冠秀	朱瑞	江上青	江竹筠
许继慎	阮啸仙	何叔衡	佟麟阁	吴运铎	吴焕先
张太雷	张自忠	张学良	张思德	旷继勋	李白
李林	李大钊	李公朴	李兆麟	李硕勋	杨殷
杨子荣	杨开慧	杨虎城	杨靖宇	杨闇公	萧楚女
苏兆征	邹韬奋	陈延年	陈树湘	陈嘉庚	陈潭秋
冼星海	周文雍、陈铁军夫妇		周逸群	明德英	林祥谦
罗亦农	罗忠毅	罗炳辉	郑律成	恽代英	段德昌
贺英	赵一曼	赵世炎	赵尚志	赵博生	赵登禹
闻一多	埃德加·斯诺		夏明翰	格里戈里·库里申科	
狼牙山五壮士		聂耳	郭俊卿	钱壮飞	黄公略
彭湃	彭雪枫	董存瑞	董振堂	谢子长	鲁迅
蔡和森	戴安澜	瞿秋白			

前 言

　　每个人的心中都多少有一点英雄情结，都向往英雄、景仰英雄。也正因此，在中华人民共和国建国六十周年之际，由中央十一部委联合组织开展的"100 位为新中国成立作出突出贡献的英雄模范人物和 100 位新中国成立以来感动中国人物"的评选活动中，群众参与投票总数近一亿。这其中的每一张选票，都表达了人们对英雄模范的崇敬之情，寄托着对伟大祖国的美好祝福。

　　一个民族不能没有英雄，否则这个民族就不会强大。当国家危难之时，懦弱者选择了逃避、妥协甚至投降，英雄们却挺身而出，用热血捍卫民族的尊严，人民的幸福。在创立和建设新中国的伟大历程中，涌现出无数可歌可泣的英雄模范人物。他们之中，有为了民族独立和人民解放而英勇牺牲的革命先烈，有为了党和人民的事业而不懈奋斗的优秀共产党员，有在全民族抗战中顽强奋战、为国捐躯的爱国将士，有英勇杀敌的战斗英雄和革命群众，有积极从事进步活动的著名民主爱国人士和国际友人……他们是民族的脊梁、祖国的骄傲，是激励全体人民团结奋斗的精神力量。

　　《100 位为新中国成立作出突出贡献的英雄模范人物传记》丛书，就像一部星光璀璨的英雄谱，真实、完整地记录了英雄模范人物不平凡的一生，再现了他们非凡的人格魅力和精神世界。"头颅可断腹可剖"的铁血将军杨靖宇，"毫不利己，专门利人"的白求恩，"抗战军人之魂"张自忠，"砍头不要紧"的夏明翰，"俯首甘为孺子牛"的文化斗士鲁迅……一串串闪光的名字，一个个动人的故事，犹如群星闪烁，光耀中华。

　　如今，战火已熄，硝烟已散，英雄已逝，我们沐浴在和平的幸福之中。在和平年代，人们不会忘记为今日的和平浴血奋战的英雄们，英雄的故事永远不会结束。让我们用英雄的故事唤醒我们心中的激情，为中华民族的伟大复兴而奋斗。

生平简介

张学良（1901-2001），男，汉族，辽宁省海城县人，中国国民党党员。

1928年6月，张学良任东北三省保安司令。同年12月，毅然宣布东北易帜，服从国民政府，被任命为东北边防军司令长官。1931年九·一八事变时，执行蒋介石的不抵抗命令，受到全国舆论谴责。12月任国民党北平绥靖主任。1935年10月，任西北"剿总"副总司令，代行总司令职务。面对全国人民要求抗日的呼声日益高涨，在中国共产党抗日民族统一战线政策影响下，曾多次劝谏蒋介石停止内战、联共抗日，但都遭到拒绝。1936年12月12日，与杨虎城发动西安事变。事变发生以后，中国共产党坚决主张用和平方式解决，并派周恩来等代表到西安帮助张学良、杨虎城正确解决事变。经过多方努力，蒋介石接受了停止内战，一致抗日主张。西安事变的和平解决，成为时局转变的枢纽。它粉碎了亲日派和日本帝国主义的阴谋，促进了中共中央逼蒋抗日方针的实现。从此，十年内战局面基本结束，国内和平初步实现，为在抗日前提下国共两党实现第二次合作创造了条件。西安事变和平解决后，张学良送蒋介石返回南京，即被扣留、判刑，先后被囚禁于浙、赣、湘、黔等地，1946年被押送台湾继续监禁，1994年移居美国夏威夷，2001年逝世。

1901-2001
[ZHANGXUELIANG]

◄张学良

目 录 **MULU**

■**舍生取义为抗日（代序）**

■**少小立大志（1901–1916）** / 001

名字由来 / 002
1901年6月3日，张学良出生在逃难的马车上。 **0-5岁**

6-13岁 **读私塾** / 006
1907年，年仅6岁的张学良，从师读书。

新选择 / 010
1915年，张学良终于告别了私塾，步入了奉天社会。 **14-17岁**

■**军旅生活（1919–1920）** / 015

第一名 / 016
有人怀疑张学良考试作弊，当堂出题考试，他仍旧是第一
名。 **18岁**

19岁 **"黄嘴丫子团长"** / 018
尽管张学良带兵作战有功，但仍有人叫他"黄嘴丫子团
长"。

晋升为少将 / 019
1920年11月末，张学良因剿匪有功，被晋升为陆军少将
军衔。

19岁

■**身处乱世（1921-1934）** / 023

利刃刚出鞘 / 024
在直奉战争中，张学良在奉军中得到了很高的声望，真
可谓利刃刚出鞘。

20-21岁

22岁 **创立中国第一支空军** / 027
张作霖采纳张学良的建议，成立东北军整理处，由张
学良负责军队整编工作。

与国民党的交往 / 030
在轰轰烈烈的北伐中，东北军何去何从？张学良按章
太炎的主意，"子落棋盘"走对了一步。孙中山寄希望
于张学良，对张氏父子东北军建设给予了充分肯定。

22岁

23岁 **参与第二次直奉战争** / 033
张学良率部在山海关、九龙口一线与直系军激战。

赠送"天下为公" / 034
1922年以后，孙中山与张学良父子交往渐深，并把手书
"天下为公"赠送给张学良。

23-25岁

26岁 **对外侮与对国宝** / 036
1927年1月，张学良对汉浔惨案发表谈话，表明中国人
不畏列强，捍卫国家的决心。他重视国家文物保护，担
任故宫博物院管理委员会委员、理事及董事。

东北易帜为统一 / 039
1928年7月1日，张学良向国民政府通电，表明统一的
意愿。经过紧锣密鼓的准备，东北易帜，归国民政府领
导。1929年1月11日，张学良将杨宇霆、常荫槐以"阻挠
国家统一"罪判处死刑，当即执行。

27-28岁

竭诚扶持民族工业 / 047

28岁

在张学良的积极支持下，造出了第一辆"民生牌"汽车；国产灯泡与日产灯泡相抗衡。

军事干预中原大战 / 052

张学良旗帜鲜明，谴责桂系军阀，支持蒋介石。

28岁

见错就收 / 057

28岁

误断军机，"中东路事件"导致兵戎相见，张学良预料后果不堪，立即转头收手。

■**西安事变前后（1935–2001）** / 063

寻求救国新路 / 064

张学良毕竟不是软骨头，他在风雨中寻求着救国的新路。

34岁

毛泽东给张学良的信 / 069

35岁

毛泽东在给张学良的回信中写道："我们是中国人，要为中国的独立解放奋斗到底！救中国是我们中国自己的责任。"

与李克农会晤 / 077

1936年2月，李克农与张学良谈判，解决联合抗日问题。

35岁

又一条线索 / 082

刘鼎的话，说到了张学良的要害。张学良从心里佩服刘鼎，使东北军与红军共同合作的境况得到了进一步升华。

35岁

历史性的会谈 / 087

1936年4月8日，周恩来与张学良在清凉山下的一座天主教堂里举行了会谈。

35岁

与杨虎城精诚合作 / 094
经过几番周折，张学良与杨虎城终于走到了一起，当然
是为了共同抗日。 **35岁**

苦劝蒋介石 / 097
为了联蒋抗日，张学良对蒋介石苦苦相劝，结果仍旧是
徒劳。 **35岁**

兵谏蒋介石之前 / 103
11月底，张学良对叶剑英说："内战我绝对不打，只有
一个办法，就是'苦跌打'（法语'政变'的意思）。" **35岁**

活捉蒋介石 / 107
1936年12月12日凌晨，蒋介石在西安临潼华清池骊山
的一个山坳里被东北军活捉。 **35岁**

蒋介石被捉之后 / 110
经过张学良、杨虎城、国民政府代表、中共代表三方谈
判，蒋介石口头同意联共抗日的主张。至此，西安事变
得到和平解决。 **35岁**

"摔三杯"与"负荆请罪" / 118
张学良在告别宴会上，连摔三杯，进一步表达了自己联
蒋抗日的愿望。同时，张学良主动送蒋介石回南京，实
为"负荆请罪"。 **35岁**

失去自由的岁月 / 124
从1937年至1959年22年间，张学良一直过着被软禁、
失去自由的生活。 **36—101岁**

■后记　爱国主义精神铸就人生的辉煌 / 127

舍生取义为抗日（代序）

　　张学良虽然出生在战乱的年代，但他童年、少年时期的生活，还是很优裕的。照常理，生长在一个土匪起家，后来成为"东北王"的张作霖这样有名的大军阀的家庭的纨绔子弟，往往娇生惯养，养尊处优，不学无术。但事实与此正相反，少年张学良表现出十足的叛逆心理，一篇由老师命题为《民主国之害甚于君主》的作文虽得罪了老师，却表明了他对民主自由的渴望，对封建君主制腐朽没落给予了无情的批判。后来家里为张学良换了学问好、思想开明的老师，张学良知识渐增，视野开阔。在老师的建议下，张学良走出书斋，步入社会，考进东北讲武堂，并以优异的成绩毕业。从此，他在战火硝烟中锻炼成长，在应对复杂的社会问题中不断增长见识和才干。从他父亲被日本侵略者炸死之后，他即刻意识到，所谓东北独立，事实上是难以真正独立的，而只有实现全国的统一，东北才不至于被诸多的列强侵略乃至瓜分。因此，他清除了异己，毅然做出了东北易帜的抉择。在这过程中，张学良为东北的军事、经济发展，作出了一定的努力。然而，日本侵略者悍然入侵东北，蒋介石"攘外必先安内"的不抵抗政策，将东北三省的大好河山拱手送给了日本侵略者，张学良率领的东北军，只好从东北撤出，先到锦州，后到西北。

国恨家仇集于一身的张学良，为实现联合起来共同抗日的伟大愿望，经过痛苦的、长时间的、深入的思考和艰难的探索，最终选择了与中国共产党接近并成为朋友，进而劝说蒋介石，联俄联共共同抗日，建立抗日民族统一战线。然而，寻找共产党，与共产党接触并建立联系，尽管充满了艰难与曲折，但毕竟有了理想的结果。而对于蒋介石，无论是苦劝，还是哭劝，全都无济于事。在万般无奈的情况下，张学良与杨虎城联手，对蒋介石实行了兵谏，这就是中国现代史上著名的西安事变。

　　西安事变，使张学良爱国抗日的精神得到了充分的展现，也使他那种舍生取义为抗日的精神境界得到了升华。

　　西安事变使中国从内战走向了联合抗日，并在一定程度上加强了中国人民内部的团结，为中国抗日战争的胜利作出了巨大贡献。

　　西安事变为建立抗日民族统一战线奠定了基础，其意义重大且影响深远。然而，张学良却为此而做出了一生的牺牲。他被国民党当局软禁了数十年，后来虽然恢复了自由，但因政治原因，使他只能隔海眺望祖国、眺望故乡。

少小立大志

（1901—1916）

➡ 名字由来

（0-5岁）

1901年6月3日（光绪二十七年四月十七日），张学良出生在逃难的大马车上。

张学良的祖籍是河北省河间府大城县。张学良的曾祖父张永贵在家乡难以谋生，举家迁移到辽宁省海城县西小洼村务农。张学良的祖父张有财好赌，为人侠义，好打抱不平。张学良的父亲张作霖是张有财的续娶妻子王氏所生，张作霖排行老三，小名"张老疙瘩"。

张作霖14岁那年，张有财被债主用镐头打死，然后畏罪潜逃。张作霖为报杀父之仇，长年寻找仇人，后来终于找到仇人住处，正当张作霖和二哥张作孚准备杀死仇人时，被仇人邻居老太婆发现，那老太婆上前阻拦，张作孚手持土枪走火，将老太婆误伤致死。由此，仇人非但保全性命，还将张作孚以抢劫杀人的罪名送交官府，张作霖逃跑。张作孚以误伤人命，被官府判罪入狱。

哥哥身陷囹圄，父仇未报，张作霖只好跟着母亲王氏逃到镇安县小黑山附近的外公家。王氏靠为人做针线活，勉强维持艰难的生活。

张作霖渴望读书，在私塾窗外偷听先生讲书，被先生发现，先生心地善良，张作霖得以免费读书三个月，后来生活实在难以维持，只好辍学回家做杂活。生活无着的张作霖，谋正当的生计不成，和街头混混、流氓混在了一起，他因输钱不给，被人毒打，但他却毫不示弱。他的举动，被富户赵老恒发现，认为张作霖是个奇人，似乎将来能有些造化，于是，将自己的二女儿赵春兰许配给张作霖。

张作霖先是投军当了伙夫，他认为这种差事没出息，就又投清军当了谍报员，由于情报工作出色，多次建功，获得功牌，被提升为哨长。这时，张作霖办了两件事。

第一件事，他以重金将二哥张作孚从监狱中救出。第二件事，就是娶了赵家的春兰小姐为妻。

赵春兰为张作霖先生一儿，出生就夭折了。

兵荒马乱之中，张学良出生在马车上。这时，张作霖拉起的杆子已拥有二百多人，又喜得贵子，他认为这是双喜临门，于是，就给张学良取小名"双喜"。

张学良出生后，母亲赵氏生病，没有奶水，只好以高粱米汤为儿子充饥。张学良3岁时，张作霖请算命先生为张学良算命，算命先生说：双喜的命太硬，要拜寄给和尚，换个名字可以消灾避祸。按照算命先生的说法，拜寄时听到别人叫的第一个名字，就取来给双喜做名字。在去寄拜的路上，忽听见村子里有人在喊"小六子"，于是，张作霖就把张学良的小名由"双喜"改成了"小六子"。

张学良名字的由来，这里边还有一段故事。冯麟阁是张作霖的恩师，也是奉军老将。老冯很喜欢小六子。有一天，他问张作霖：

"不要双喜，改了个小六子倒好，不过，孩子总要长大的，贵公子有学名吗？"

"还没有，不如您老给取一个吧！"张作霖面带微笑地对冯麟阁说。

冯麟阁想了想说道："西汉开国元勋是张良，贵公子不如就叫学良吧！"

张作霖觉得冯麟阁给儿子取"学良"的名字好。为此，他还重重酬谢了冯麟阁。

后来，张学良的别号"汉卿"所得，与吴佩孚有关。

吴佩孚到张作霖府上做客，见张学良聪明伶俐，很喜欢他。吴佩孚问张作霖："张学良这个名字不错，能学张良，志向不小。不过，如果再有个别号，似乎就更好了！"

张作霖听吴佩孚这样说，急忙对吴佩孚说："不知仁兄能否给小六子起个别号？"

吴佩孚也像冯麟阁那样，稍微想了想，然后慢条斯理地说道：

"张子房乃汉朝大臣，臣者卿也。依我看，

学良的别号就叫汉卿吧！"

张作霖对"汉卿"为张学良的别号非常满意，一个劲儿地说好。

⟶ 读私塾

★ ★ ★ ★ ★

（6—13岁）

1907年，年仅6岁的张学良，从师读书。

为儿子求学，张作霖着实动了番脑筋，他想为儿子找个名师，他懂得"名师出高徒"的道理。经过仔细寻访，张作霖选中了台安县八角台的崔名耀担任儿子的塾师。崔先生为张学良讲授"四书五经"。

崔名耀是清末秀才，他学识渊博，远近有名。同时，他与张作霖多有接触，张作霖在八角台当团练长的时候，就知此人，张作霖对他很器重。崔名耀做了张学良的家庭教师之后，不光教小孩子读书，还帮助张作霖做文案工作，处理文件起草等公务。张学良跟着崔先生读书，颇有长进。

1911 年 4 月，张学良还不到 10 岁，母亲赵春兰就因病去世了。母亲临终嘱咐张作霖说，她死了之后，小六子就交西屋妈抚养吧。她所指的"西屋妈"，就是张作霖的夫人卢氏。

卢氏性情温和，待人宽厚，平时对张学良、张学铭哥俩照料细心周到，她的举止言行，对童年的张学良影响很大。

1912 年，张学良跟着父亲来到了奉天。为了使张学良接受良好的传统文化教育，张作霖从海城请来了杨景震先生，教授张学良《论语》《孟子》以及《史记》。张学良读书认真，不但领悟书中的道理快，而且很快就能作文，填词作诗，字写得也不错。渐渐地，张学良对先生教的这些东西感到厌倦，生性顽皮的性格暴露出来，因戏弄老师，常受到杨先生的训斥。

杨景震是个很守旧的人，都已经民国十几年了，他的脑后仍旧留着辫子。不仅他自己不剪辫子，也不允许他的学生张学良剪掉辫子。张学良以为如今的自己，脑后仍旧拖着根辫子，简直就是奇耻大辱！不过，有杨先生在，他不敢轻举妄动。趁杨先生回家探亲之机，张学良自己把脑后的辫子剪掉了。为此，杨先生震怒，严厉地训斥了张学良一通，而张学良却反驳杨先生说：

"老师，那么你是应该留全发的，你那一半岂不是毁伤了吗？"问得杨先生哑口无言，因为他强调，他没有留全发，是皇帝的要求，而如今的皇帝在哪里呢？他对张学良的诘问，不知如何回答，只有脸色铁青，吐不出半个字来。

有一次，杨先生给学生出了《民主国之害甚于君主》的作文题，依杨先生之题，张学良在作文中这样写道：

"民主国之害甚于君主，此乃之村愚夫愚妇

△ 白永贞，字佩珩，晚号松心，辽阳城西唐马峰人，清光绪年间拔贡、孝廉，先后任辽阳州劝学所总董、教育会副会长。清末任直隶州州判，民初署海龙府知府，并推选为奉天省议会议长、资政院议员。1928年任通志馆馆长及《辽阳县志》总纂修，为近代辽东文化名人。1934年被推为辽阳县道德分会会长。

之谈也。引证法、美、瑞等大小强国民主之现状，又引希腊、罗马、古代民主之事实，申言目下不良之状况，非由民主之弊，乃由于帝制余孽，不解民主为何之老朽混用作祟所致，待余孽死绝，民主之光目显。所叹息民主国之害甚于君主者，昧于不明世界大势，不悉世界古今历史，正所谓坐井观天者也……"

杨景震看了张学良的作文之后，先是对作文本身发火，进而向张作霖辞馆，对张作霖表示，从此不再为师。他虽然没有直接说，像张学良这样的学生他教不了之类的话，而辞馆不做、不再为师的态度里边，已经包含了这层意思。

为此，张作霖恼怒，将此事与秘书长袁金铠（抗战时沦为汉奸）说了，袁金铠读了张学良的作文之后，对张作霖说：

"这是个有思想的学生，这位先生是不能再教这位学生了。作文论点无错，应当鼓励表扬这个学生才对！"

张作霖听了袁金铠的话，认为冤枉了自己的儿子。他接受了杨景震的辞馆表示，对"小六子"刮目相看了。张作霖请袁金铠再推荐一位先生，袁金铠推荐了辽阳名儒白永贞先生。

白永贞先生是一位孝廉，曾做过知府。生活虽不充裕，但其身廉正。他在教授张学良过程中，从未怒言谴责，并允许张学良行动自由。他对张学良有了相当认识之后，在辅导张学良读书过程中，采取因势利导、循循善诱的方法，教法受到了张学良的欢迎，张学良也从中受益匪浅。

根据白永贞先生对张学良的了解，他多次跟张作霖建议，张学良已不宜再在自家书房读书了，而应当到社会受到教育。最后，张作霖同意了白永贞先生的建议。

⟶ 新选择

★★★★★

（14—17岁）

1915 年，张学良终于告别了私塾，步入了社会。

当时，奉天城是东三省的军政中心，也是个复杂的国际都市。日本、英国、法国、美国、俄国在这座城市里都有租界和领事馆及商务代办机构。尤其是日本，不仅有总领事馆，还有警察署、独立守备队、特务机关等。

张学良就是在这种复杂的社会环境里开始了他的新生活。

张学良经同学周大文和医师杜泽先介绍与奉天基督教青年会干事阎宝航、萧树军、

▷ 张学良姐弟与母亲在一起。左起为张学良、张冠英、张学良的母亲、张学铭。

张国栋、贾连山等人相识，参与和支持这个组织的活动。之后，张学良又与这个组织的美籍干事普赖德、丹麦干事华茂山结识，来往密切。同时，张学良通过杜泽先的介绍，又与王少源、刘玉棠、刘进之、刘仲宜等人相识，很快成为密友。同年，张学良又认识了一些西方教士及教育人士。

这个时期，张学良交往的外国友人多是品学兼优的人才，在他与这些人交往过程中，他学到了许多知识。同时，他看到西方国家的富强，深感祖国的贫弱，爱国思想开始萌芽。他不仅在政治上有了一定的见识，他还想学医。但是，当他把自己的想法告诉父亲之后，遭到了张作霖的反对，张作霖要为儿子选择军旅之路。终于有一天，张作霖要送张学良去日本留学。张学良向父亲表示，他不去日本。他对父亲说：

"因为我十分厌恶日本，我很想去美国或者英国，因为我学英文。"张学良的出国梦，还是被张作霖的反对给击碎了。

正当张学良在人生选择的三岔路口徘徊、游移不定的时候，他聆听了张伯苓《中国前途之希望》的演讲，受益颇深。同时，在张作霖的激将下，张学良终于选择了行伍之路。

△ 张作霖八个儿子在北京的合影,右一为张学良。

1916 年，年仅 16 岁的张学良得了肺病，有时还吐血。疾病，加上人生选择的举棋不定，虽有一腔爱国热血，却不知走向哪里的交织而导致的焦虑，他面对日本强加给中国的"二十一条"，为国担忧，认为东北已经走向亡国之途了。

军医王少源不仅治疗张学良的疾病，还帮助他解开思想上的"疙瘩"。一天，王军医让他去听听张伯苓《中国前途之希望》的演讲。开始，张学良心想：这个张伯苓能讲出什么希望? 他抱着怀疑、好奇以及或许可以解惑的矛盾心理，听了张伯苓的演讲。当他听到张伯苓的一番话之后，精神为之一振。正面接触了张伯苓，与他交谈之后，张学良感到自己应该献身于社会国家，抛弃安乐的生活，走为民群服务的道路：

大家对于国家失望悲观，自暴自弃，你也认为没办法，我也认为没办法。大家都坐视着没办法，那么，中国岂不是真完了吗？如果大家都奋勉图强，自己勉励自己，牺牲一切，为国家为大众服务，把国家兴亡的责任，放在自己的肩上。自己坚定信念，中国的前途就是我。中国亡不了——有我。你也如此，我也如此，万众一心，哪怕中国不强哪！假如大家你怨我，我怨你，可是谁也不想牺牲努力，认为我是一个无关紧要的人，那么大家都是如此的想法，只希望坐享强国的光荣，国家它自己会强的吗？那是要得人去做，若是我们多数人，自暴自弃，都想坐享其成，那才真是会招来亡国之祸，也就是今日中国不强之原因也。愿大家从今日起，决心立志，说中国不亡有我。

所以，张学良很快做出了令张作霖没想到的选择，他毅然走进了讲武堂，并且表现很好，成绩名列前茅，在校期间为少校队长，毕业后就当上了团长。

军旅生活

(1919—1920)

→ 第一名

（18 岁）

1919 年 3 月，张学良进入东北讲武堂第一期炮兵科学习。

由于张学良功课准备认真充分，因此以四科第一的成绩考入了东北讲武堂。正式开始在讲武堂学习之后，连续四次月考第一，期末考试仍旧是第一名。

张学良是"东北王"的儿子，他考试总是第一名，值得怀疑。于是，有人向讲武堂告状，要求重新考试。教育长熙洽（抗战中沦为汉奸）亲自监考，并且重新编排了考生的座位，结果张学良这次考试成绩仍然是第一名。

这次考试，轰动了整个讲武堂，人们都认为张学良和老师做手脚，他在考试前得了考题。

▷ 年轻时的张学良

　　为了弄个水落石出，有一天，熙洽突然来到讲堂，向学员宣布，前次考试不算数，现在立即重考。按照熙洽的要求，学员们重新排座位。监考老师对每个学生进行检查，不许带任何东西。然后，熙洽临时出了四道考题，其中有两道是张学良没有学过的。而这四道题是步兵、骑兵、炮兵、空军四类题。结果，张学良还是第一个答完的。

　　这次考试后，熙洽当即向大家宣布说："张学良是不会作弊的，你们看他的卷子，唯有他的答案是百分之百的正确！"

　　在东北讲武堂，张学良的生活、思想发生了变化。他学习勤奋，训练刻苦，尤其是系统地学习了战术、军制、兵器、地形、交通、筑城等军事科目，为他以后统帅奉军打下了坚实的基础。

→ "黄嘴丫子团长"

★★★★★

（19岁）

1920年3月，19岁的张学良在东北讲武堂以炮兵科第一名的成绩毕业，并被授予陆军炮兵上校军衔。

张作相很器重张学良，有人误以为张作相与张作霖是同宗关系，其实不是。张作相为人诚厚忠义。有张作相这样的人辅佐张学良，张学良这个"黄嘴丫子团长"当得很好。

直皖战争爆发，张学良参战。在这场战争中，张学良除了执行"近卫"任务，参与总司令部的工作，还是奉军东路的指挥官之一。他统率的卫队旅，除留一部分驻守沈阳之外，主力由郭松龄率领进关，参加东路战斗。在天津小站，张学良所部以一团的兵力击败皖军两个旅。由此，张学良和郭松龄声名鹊起，但是，由于张学良太年轻，大家送给他"黄嘴丫子团长"的绰号。

在张学良的举荐下，郭松龄任张学良旅参谋长。从此，张学良、郭松龄携手治军。张学良针对部队中存在的种种恶习，进行整顿。重用学生出身的军人，很快使部队素质有所提高，他所在旅名冠奉军之首，成为公认的劲旅。

➡ 晋升为少将

★★★★★

（19岁）

1920 年 11 月末，张学良因剿匪有功，被晋升为陆军少将军衔。

1920 年夏天，吉林、黑龙江两省的土匪十分猖獗，盘踞在佳木斯城，四处扰乱社会秩序，老百姓苦不堪言，怨声载道。同时，东北的铁路也受到胡匪的祸害，交通也不安全。张作霖命令各地驻军剿匪，以安定民心。

张学良奉命率部剿匪，于 1920 年 10 月 14 日到达黑龙江一面坡地区。根据初步了解，张学良才知道，当时东北的胡匪有两万之众，而且装备充分，火力猛烈。这时，张学良感到自己的兵力不足，战胜胡匪没有十足的把握。于是，他请求增派兵力和装备以及物资等。

1920 年 10 月 19 日，张学良率部与胡匪交火，战斗激烈。10 月 30 日，与胡匪交战一昼夜，擒获胡匪头目八十多人，并就地正法。同时，乘胜追击，又将胡匪三百多人消灭，取得了很大的战果。

稍有喘息之机，张学良便教育部队，严格军容军纪。因此，张学良部队所到之处，做到秋毫不犯，颇受当地群众好评。为此，宾县商会会长给张作霖的电报说：

张、郭所带混成旅途经宾县境，所雇车辆，均按时价付款；入城住店，各自埋锅造饭，所用食物草料柴炭，均照市价，公平交易；在城一宿，未见有士兵三五联肩混游街市者；次日开拔，号令一响，迅速整齐因而感颂之。

由此看出，当时张学良、郭松龄所率领的混成旅的军风军纪是非常严明的。

张学良针对吉林剿匪司令阚朝玺（抗战中沦为汉奸）滥杀无辜，在当地产生不良影响的实际情况，采取了剿抚并举的政策，在一定程度上消除了老百姓的恐慌情绪。

▷ 郭松龄

行军打仗，张学良、郭松龄身先士卒，与官兵同甘共苦，日徒步行军百余里，官兵无不佩服张学良和郭松龄。在攻打佳木斯城时，土匪死守城防与剿匪部队抵抗，张学良、郭松龄冒着枪林弹雨，率部攻城，首先攻占了城门楼，为主力进城开辟了通道，减少了部队的伤亡。

11月20日，张学良率部经过两个多月的艰苦追剿，大小战斗数十次，攻克了胡匪盘踞的最大据点佳木斯城，大获全胜。

张学良将胡匪头子就地正法的同时，及时处理了私取胡匪所遗财物以及临阵脱逃、违反军纪的官兵。

通过清剿吉林、黑龙江两省胡匪的战斗，张学良认识到，只有把自己作为一个普通的军队指挥官，在战争中学习战争，才能使自己有所提高和进步。

1920 年 11 月末，张学良被晋升为陆军少将军衔。从此，张学良在东北政治、军事等各项事务中，逐渐担负起重要职责，开始进入东北军决策圈。

身处乱世

(1921—1934)

→ 利刃刚出鞘

1921 年秋天，张学良与张作霖应日本军方的邀请，去了日本，主要是看了日本人的会操。通过走马观花一个多月的游览，张学良感到，日本人图谋中国之险恶，令人不寒而栗。与此同时，也使他认识到日本的国力，中国人如果不愿做奴隶，必须奋起图强，绝不是空言可以抵御日本侵略的。尤其是日本人对张学良展示的军事实力，使他的民族自尊心受到了极大的伤害。也就是因为这样的原因，他对张作相说：

"日本人在向我示威，日本人总是想以势压人，反而促使我反抗。"

当本庄繁以一脸不屑地问张学良来日本国的感观如何的时候，张学良慷慨激昂地回答：

"你们日本能做到的，我们中国也能做到；你们日本不能做到的，我们中国也能做到，请君拭目以待。"

从日本回来之后，张学良向父亲提议：对奉军进行全面整治，整顿军纪，选拔军官，加强训练，决心赶超日本。张作霖采纳了儿子的建议。遗憾的是，张学良还没来得及实施这些建议，直奉

△ 张作霖、张学良父子

战争便迫在眉睫。

直奉之战，其实是军阀之间的混战罢了。

1922 年 4 月 26 日，直系军不宣而战，对奉军发动突然袭击。张作霖组织"镇威军"，自任总司令，坐镇天津附近的军粮城。4 月 29 日，"镇威军"向直系军发起全面进攻。张学良指挥东路军，与吴佩孚所部激战于北京附近的信安、唐家铺一带。但因奉军东线失败，6 月 15 日停战，

△ 直系军阀的大本营

双方于 6 月 19 日起撤退各自军队，从而宣告第一次直奉战争结束。

在这次直奉战争中，张学良在奉军中得到了很高的声望，可谓"利刃刚出鞘"。

➡ 创立中国第一支空军

★★★★★

（22 岁）

有一天，张作霖把张学良叫到自己的卧室，和儿子说起了直奉之战失败的事情，张学良在安慰父亲的同时，谈起了自己对军队建设的看法，他对张作霖说：

"我想主要的事情应该是培养和提高军事人才，训练精兵，整编庞杂的旧队伍。"他见张作霖饶有兴致地听着，就顺势提出了建设军队的意见，重点在于整顿军队，扩充讲武堂，着力培养军事人才，加强空军，筹建海军等等。

张作霖听完了儿子的高论，不但满意地点头赞许，也增强了加强军队建设的决心。他很快就采纳了张学良的建议，新成立的东北军整理处，由张学良负责军队整编工作。

　　张学良在负责军队整训过程中，十分重视培养新干部，注重起用新人。由此，东北军内部容纳了多个军校毕业的军事人才，使其素质大大提高。张学良所辖的部队成为奉军的劲旅。

△ 东北军航空队

从此，奉吉黑三省军队不再以省区分，而是统一改组为东北军。同时，东北军还在沈阳建立了沈阳兵工厂、迫击炮厂和航空处等，军事实力得到了扩充。

1923年初，张学良担任东北军航空处总办。

1923年3月，航空处附设了航空学校，张学良亲自担任校长。从陆军选拔学员100人，并选派28人去法国受训。

张学良购买法、英、意等国飞机一百二十余架，并把这些飞机编成五个飞行队，张学良担任东北空军司令。

1924年夏，东北军空军飞机库建成竣工。同时，飞机修理厂也扩大了面积，增加了设备，提高了飞机维修及零部件制造能力，使飞机修理厂具备了一定的规模。

1925年秋，东北空军司令部成立。飞机已达一百三十架，有侦察机、轰炸机、驱逐机五十余架。

1929年，张学良为了进一步提高飞行员素质，对空军进行了一次改组，成立了东北边防军航空司令部，他继续兼任司令。同时，还成立了航空研究班。

乱世中的张学良，为东北军空军建设发挥了极为重要的作用。

→ 与国民党的交往

章太炎是民国元老。张学良与章太炎建立忘年交，源于章太炎担任东三省筹边使。章太炎作为民国第一任东三省最高行政长官，虽然仅任职三个月，却同张作霖、张学良父子结下了不解之缘。

1923年11月23日，章太炎在给张学良的信中说：

半岁以来，天地否塞。直系僭窃，已阅旬余。东南兵弱，殆元进取之望。贵省待时而动，亦审时察势，所幸川、滇合作，已下重庆，万亦指日可破。

桂军尔时与之犄角，或不可孤军挺进为忧耳。

△ 章太炎

　　章太炎信中的重点，仍旧是坚持他原来主张的"反直三角同盟"，他接着在信中说：

　　民军纪律或不如正式军队，然倡勇敢死，不惮牺牲，则有胜于正军者，值此群情观望之时，此种奋勇直前之军民，断不可少。唯饷糈多取之地方，不可长久，军行在即，执事能代启尊公，量与补助，裨益实多。

　　由于章太炎扶助张学良建立"反直三角同

盟"，以及冯玉祥的反戈，曹锟在第二次直奉战争中被赶走，使得孙中山得以北上共商国是。

乱世之中，军阀割据，北伐军自南向北进军，东北军何去何从，张学良毕竟遇有章太炎这位忘年交，在"子落棋盘"的时候，到底还是走对了一步。1922年秋，张学良托韩麟春，送信给孙中山。其意在于表明东北军的观点。孙中山寄希望于张学良，亲笔给张学良回信，信中写道：

汉卿仁兄惠鉴：

顷诵手书，借悉一切。索伦奉省暂时持冷静态度，以俟时机，实为特识。文顷致书尊公，述此后军事进行，宜由西南发难，据险与敌相持，使彼欲进不得，欲退不可。然后尊公以大兵直捣北京，略定津保，以覆其巢穴，绝其归路，敌必可灭，正与高明之见不谋而合。望力持定见，他日运筹决胜，可为预期也。韩芳辰君来，连日讨论，悉东三省整军经武，养锐待发，曷胜忻慰。兹特请汪精卫先来谒，一切代述。希赐接洽为荷。

专复。

敬颂　台绥

孙　文

九月二十二日

孙中山写给张学良的回信，给人的印象，首推平易，丝毫没有那种居高临下的感觉；次之，很谦逊，且诚恳。没有命令，而只有商量；再次之，借此信对张学良父子东北军建设给予了充分肯定。

→ 参与第二次直奉战争

★★★★★

（23 岁）

1924 年初夏，孙中山派人与张学良父子联系讨伐曹锟、吴佩孚的具体事项，考察奉军的军事实力。不久，张学良派人到广州拜会孙中山，并带去一封他的亲笔信。

1924 年 9 月 17 日，第二次直奉战争爆发了。

张学良被任命为奉军第三军军长，郭松龄为副军长。张学良率部于山海关、九龙口一线和直系军激战。

1924 年 10 月，在向吴佩孚发动进攻以前，张学良和郭松龄等人商议，组织部队出击吴佩孚的总部，截断敌军归路，一举歼灭吴军的军事部署。

1924 年 10 月 21 日，冯玉祥命令在古北口前线的部队倒戈，于是，以昼夜二百里的行军速度迅速赶回北京，把曹锟软禁起来，成功地发动了"北京政变"，并把溥仪驱出紫禁城。

➡ 赠送"天下为公"

★★★★★

（23—25 岁）

1922 年以后，孙中山与张学良父子的交往，更加深入了。他把自己亲笔手书"天下为公"并题"汉卿世兄"四字横幅赠送给张学良。

1924 年 12 月 4 日，孙中山北上天津，会见了张学良父子。张作霖设宴款待了孙中山夫妇。

△ 孙中山送给张学良的"天下为公"题词

　　孙中山与张作霖会晤之后，张学良出于对孙中山先生的敬仰之情，请孙先生留言。孙中山为赞扬在军阀混战中首先倡弭兵，鼓吹息内争，御外辱的青年将领张学良，欣然挥毫书写了"天下为公"条幅。接过孙中山的墨宝，张学良向孙中山表达了自己热切希望先生此行对中国统一问题有所贡献。

→ 对外侮与对国宝

★★★★★

（26 岁）

1927 年 1 月 3 日，武汉中央军事政治学校宣传队在武汉英租界附近江汉关前演讲，英军水兵登岸挑衅，用刺刀刺伤中国听众数十人。英军的暴行，激起了中国民众的极大愤怒。1 月 5 日，中国民众奋起反抗，收回英租界。1 月 6 日，九江民众集会游行，声援武汉民众。英国水兵又加干涉，打伤中国工人。武汉民众愤怒占领了英租界，这就是轰动于世的"汉浔惨案"。

1 月 12 日，英国驻华公使兰蒲森前往张学良在北京文昌胡同的住宅，谈论汉浔事件经过。1 月 14 日，张学良就《对英国某要人谈汉浔惨案》在天津《大公报》上给予披露，张学良说：

中国南北之争，不过因国人对内政见未能一致，因起战端。古诗有言："兄弟阋墙，外御其侮。"对外卫国，决不因对内不一致而发生影响。此实为中国数千年来之国民性。此次汉口、九江事件，其行为虽近于鲁莽，然自信日内或可平息。中国民众久压于不平等待遇

△ 民国时期的故宫博物院

之下，迟早势必发生反动。倘无反压，则此种鲁莽行为，亦可免再见。若对方再加以反压，则结果必愈激愈厉。此次英人若以武力对待中国民众，则凡属中国人，不分南北，皆有捍卫国家之义务，责无旁贷。倘中国人中，或有利用民众久压思起之气，别怀用意，牺牲民众，以遂私图者，则民气稍平而后，必能觉其奸而加以攻击与反对，民众决非可久欺者。

张学良的一番谈话，既指出了国民性的根源，也向世人，尤其向挑起事端的英国人表明了中国人的严正立场，也表明了中国人不畏列强，捍卫国家的决心。

1927 年 10 月，故宫博物院管理委员会召开会议，张学良当时正在滦州驻军，没有时间赴京开会，于是，他便给王士珍写信说明情况，并委托周大文代表他出席会议。由此可见，张学良对国家文物保护是相当重视的。

其实，张学良与故宫博物院的关系密切，始于 1924 年。冯玉祥将军发动北京政变，将溥仪逐出紫禁城，其最初的组织机构为临时董事会和临时理事会。这个组织成员由史学、文学以及军政各界的许多知名人士组成，设有 21 位董事，而张学良便是董事之一。

1926 年，段祺瑞政府企图改组新生的故宫博物院，准备将其重新交给清室控制。针对段祺瑞政府的这一阴谋，故宫博物院管理委员会聘张学良为委员。这个组织寿命仅为八个月。

南京国民政府接管了故宫，张学良被推举为理事，尔后又担任了董事。

在此期间，张学良对购买和收藏古书画的兴趣更加浓厚。故宫书画陈列室的历代书法名画展览经常更换，张学良便以个人身份前来欣赏，并以此为参考，验证自己藏品的真伪，从中积累了鉴赏文物的经验。

→ 东北易帜为统一

★★★★★

（27—28 岁）

张作霖被日本人炸死后一个星期，国民革命军进入北京。全国除了东北外遂告"统一"。

1928 年 7 月 1 日，张学良向国民政府发出《决不妨害统一通电》。在电文里，张学良向蒋介石等人表示："学良当以民意为依归，以国家大计为前提，同时收缩军事，一面以最简捷办法，解决目前一切重要问题。"同时他还表示："学良爱乡爱国，不甘后人，决无妨害统一之意。"

其实，这不过是张学良对蒋介石的第一手。接着，为了避免产生新的矛盾，张学良力主请吉林督办张作相为东北保安部队总司令，而张作相拒绝了这一要职，并发誓：他要像忠诚于张作霖那样辅佐张学良，支持少帅。在大家的一致推举下，张学良担任了东北三省保安总司令，并兼任奉天保安司令。从此，张学良开始了对东北的统治。

经过紧锣密鼓的准备，东北易帜，归国民政府领导。

东北的易帜，立刻引起了日本侵略者的惊慌，日本人使尽威逼利诱等各种手段，干涉张学良归顺南京。尽管如此，东北到底还是易帜归顺了南京。

在东北易帜的问题上，张学良以铁的手腕，灭掉了碍事的杨宇霆和常荫槐。

1929 年 1 月 11 日凌晨 3 点钟，张学良手下的警务处长高纪毅向杨宇霆、常荫槐宣布：

"我们奉长官命令，你们二人阻挠国家统一，判处死刑，立即执行。"

杨宇霆和常荫槐两个人听了，顿时脸色惨白，一句话也说不出来。于是，两名卫士上前，用手枪结束了两个人的性命。

其实，要处理杨宇霆、常荫槐，张学良已经考虑很久了。

1929年1月1日，南京召开以解决裁军问题为名的遣散会议。这次会议，全国各地的军事领袖都到会，唯有张学良没去，而是派王树常代替他参加了会议。张学良则留在奉天，为的是要处理一件大事。

1月7日，东北政务委员会宣告成立，张学良担任委员长。

1月8日，苏联驻奉天领事库兹涅佐夫拜访张学良，就东三省交通委员会收回中东铁路哈尔滨电话局提出抗议，要求偿还百万元的安装费。

1月10日下午，杨宇霆、常荫槐一同来见张学良。他们以中东铁路系中苏合办的铁路，一向不接受东北交通委员会的指挥为理由，要求成立东北铁路督办公署，杨宇霆极力推荐常荫槐为督办。常荫槐不好意思地转过话题对张学良说：

"成立东北铁路督办公署，就可以将中东铁路纳入我们的管辖范围之内了！"

杨宇霆与常荫槐紧密配合，他听常荫槐这

△ 张学良主政东北，易帜归顺中央政府，中国统一告成。图为张学良与蒋介石合影。

样说，就顺手将事先写好的文稿让张学良签字，
口气、态度，不容张学良有丝毫说话的余地。

此时的张学良，眼见杨、常二人一唱一和，
心里很生气，他想，这两个人根本没把我张学良
放在眼里，涉及到国家主权的重大问题，他俩就

替自己做了主，说了算了？想到这里，张学良立刻联想到日本人跟他交涉修建满蒙五铁路的情景，尽管日本人软硬兼施，但都被他以各种理由和借口拒绝了。张学良猛然想到，"莫非这两人和日本人有勾结？"想到这里，张学良心中的怒火腾地一下就燃烧起来，不过，他很快就又镇定下来，对杨、常二人推托说："你们的建议，我可以考虑。不过，成立东北铁路督办公署一事涉及外交，不能草率行事，请二位容我一点时间慎重考虑一下。现在已经到晚饭时间了，我们一起晚餐后再商量。"两人默契，都说不用商量，就等着张学良签字。说完，起身告辞。

张学良早就对杨宇霆的野心不满，但由于杨宇霆是张作霖的左膀右臂之一，很受重用，所以从第一次直奉战争到第三次东北军进关，杨宇霆一直左右着东北军。

在杨宇霆兼任督办的奉天兵工厂，弊端百出，贿赂公行，在东北可谓尽人皆知。当时，张学良为了促使杨宇霆收敛一些，特向张作霖请求由张学良主办了一个迫击炮厂，以其经费开支少，出品精良的事实，企望使杨宇霆觉悟。然而，张学良的用心并未使杨宇霆有丝毫的悔改。

杨宇霆一心要在东北培植自己的势力，县以上地方上的要职肥缺，统统把握在他的手中。同时，他还要将他的嫡系日本士官安插进东北军。由于不管是张学良，还是吴俊升以及张作相等负责军队的人，都不吃杨宇霆的这一套，因此，杨宇霆的阴谋一时难以实现。不过，他并没有就此罢手止步，而是采取了另一套做法，成立预备军，大量储备日本士官派嫡系军官。他以掌握张作霖图章的便利条件，曾用盖着张作霖印章的命令通令东北军各部，官兵空缺一律无权补充。他以为这样做，东北军迟早就是他的了。然而，郭松龄却识破了他的阴谋诡计，并向张学良报告，竭力阻止杨宇霆的阴谋。杨宇霆对郭松龄恨之入骨，想方设法企图除掉他，最后导致郭松龄倒戈反奉，险些使张学良陷于死地。

1924 年，第二次直奉战争，东北军获胜，张学良、郭松龄的战功卓著。杨宇霆本没有战功，却出任了江苏督办，之后却被孙传芳、陈调元打得惨败，狼狈逃回奉天。他为了挽回无能的面子，竭力怂恿张作霖再次发动战争，以实现重返江南的目的。虽然张学良识破了杨宇霆的阴谋，但张作霖还是听信了杨宇霆的主意，出兵进关。杨宇霆指挥部队，只听术士的，从不把张学良放在眼里。

张作霖死后，杨宇霆和常荫槐为达到操纵整个东北的政治目的，用吃喝玩乐的手段拉拢各方面的官僚政客，并加紧同日本信使的联络，以实现夺取东北政权的野心。

前不久的一件事，使张学良记忆犹新。也是杨宇霆和常荫槐来找他，要求扩充兵工厂，请求张学良拨给经费。张学良向他们说明，东北目前财政困难，各方面都在裁减经费，无能力拨款扩充兵工厂。这时，常荫槐却慷慨地说，他愿意从铁路方面每月拨款给杨宇霆扩充兵工厂。常荫槐这一"军"，"将"得张学良陷入极其艰难的境地。由此，张学良想起不久之前曾向常荫槐请求由铁路筹拨款项，以补充军费，结果遭到了常荫槐的无情拒绝。而今天，常荫槐却有意当着张学良的面，旁若无人地拨款给杨宇霆，这不是明目张胆地耍弄自己吗？

杨宇霆私购三万支捷克步枪的信息，是端纳密报给张学良的。当张学良查问杨宇霆时，杨宇霆说这些武器是用来装备常荫槐的黑龙江山林警备队的。而张学良反问，咱们自己的兵工厂，不是有的是步枪吗？而杨宇霆却不以为然地回答，咱们的枪，没有人家的好！

从杨宇霆骄横的话语中，张学良听出了他们的企图。原来，杨宇霆、常荫槐不但在扩张武力，而且要在武器上胜过张学良。

张学良还清晰地记得这样的场面：

1929年1月10日上午，日本首相派来町野武马大摇大摆地走进帅府，先入为主地对张学良说："杨宇霆已经同意履行建设满蒙新五路的许诺，你的意见呢？"

张学良听了，大义凛然地说："你全然想错了！在这件事上，杨宇霆不能代表我，而我也无权和你谈判。"说到这里，转身取来准备好的文件，说："上面写着：中央主持外事，一切协定、合同，非国府参加，不能生效。我已宣布易帜，无权和贵国洽谈这类大事了。"

町野武马见张学良拒绝他的要求，气鼓鼓地怒吼道："我找杨宇霆去！"当天下午，杨宇霆

△ 张作霖的老虎厅

和常荫槐一起来找张学良兴师问罪，也就是这段故事最初的一幕。

张学良沉思了好一会儿，然后，掐灭了烟头，下定了决心，将警务处长高纪毅找来，向他布置了处决杨宇霆、常荫槐的决定。

杨宇霆、常荫槐被处死在张作霖曾留影的老虎厅里。

竭诚扶持民族工业

★★★★★

（28岁）

在张学良的积极支持下，造出了中国第一辆"民生"牌汽车；还是在他的支持和帮助下，国产的灯泡与日本人产的灯泡相抗衡。这些，在当时确实长了国人的志气。

1928年7月，张学良主政东北之后，便把造汽车的想法付诸实践了。他在百忙中抽时间，找来主管奉天兵工厂和迫击炮厂的厂长、工程师，专门讨论了造汽车的问题。

张学良对工程技术人员说："诸位，有人说中国人就是不行，不可能造汽车，只有向外国人买汽车。我听了心里很不舒服，也不服气。我想，我们一定要造出自己设计的汽车来，为国家，为国人争光争气。对造汽车，我是外行，所以请你们来，出主意，想办法，我们一定要造出自己的汽车！"

听了张学良的话，大家发表了各自的见解，提出了要上新设备，要有新技术，同时，要办成这些事情，没有资金是根本不行的。

张学良对于大家提出的问题，表示都能一一解决，当然包括建汽车厂需要的一百万元资金问题。

在张学良的积极支持下，经过三年的努力，1931 年 6 月 19 日，民生工厂终于研制出了第一辆国产载重汽车，被命名为"民生"牌。

张学良在庆祝大会上说："民生牌汽车的诞生，圆了我心中的梦，我向大家表示祝贺和感谢！"当天，英国路透社记者从沈阳发出电报：中国第一辆自制载重汽车诞生，此间辽宁兵工厂举行了庆祝大会，以达盛典。

1931 年 9 月 12 日，全国道路协会主办的上海市展览会，民生工厂制造的中国第一辆民生牌汽车亮相，博得国人的热烈欢呼。蒋介石特派张群为代表参加了展览会，到会祝贺的还有外交部长王正廷、实业部长孔祥熙等人。

几天以后，日本对中国发动了九·一八事变，东北大片国土被日本侵略者占领，沈阳民生工厂也被占领了，他们拖走了这个厂首批汽车和全部零部件。中国人民盼望已久并刚刚萌芽的汽车制造工业就这样被日本帝国主义侵略者给扼杀了。

1923 年冬，抱着强国远大理想的青年杜重远从日本回来以后，办起了东北第一家机器制陶企业。当张学良听说这家企业生产的红砖积压，

△ 1931年9月12日，全国道路协会主办的上海市展览会，民生工厂制造的中国第一辆民生牌汽车亮相。

根本没有销路时，决定帮杜重远的忙。

一天，杜重远意外地接到了张学良的电话，意思是让他去见张学良，商量他的红砖销路问题。杜重远兴冲冲地来见张学良，其实，红砖的销路，根本用不着商量了，因为张学良已经将杜重远积压的120万块红砖安排用来建东北大学校舍。

当杜重远听了张学良的想法，激动得简直要跳了起来，他用颤抖的声音说：

"张先生，您的决定挽救了'肇新'，我该如何感谢您呢？"

听杜重远这样说，张学良摆了摆手说：

"杜先生客气了。先生漂洋过海回到祖国，不求当官，一心搞实业救国，学良对先生的爱国精神深表敬佩，以后先生有什么困难，只管和我说，只要我能帮上忙的，绝不袖手旁观。"

张学良的话，说得杜重远心里热乎乎的。接着，张学良继续说道：

"杜先生生产的红砖在国内还是新鲜事。以前，我们生产的都是青砖，国人对红砖的好处认识不足，这次东大建校带个头，全部使用你生产的红砖。"听了张学良的话，杜重远不知道该说什么了。

张学良为了发展民族工业，对日本企业采取了限制的政策。1929年，他同意辽宁省政府发出的《禁止中日合办合作事业训令》和《禁止购买日货密令》等文件。

当时，张学良为了东北经济发展，他积极为内地或沿海的民族工业牵线搭桥到东北发展。

有一次，上海亚明灯泡厂总经理胡西园拜见张学良。在谈话中，张学良得知中国第一只电灯就是这个厂制造的，非常高兴。他了解到，这个厂生产的"亚"字牌灯泡和其他电器产品质地优良，并能与日本等国生产的灯泡相抗衡的时候，立即表示对其产品到东北销售给予支持。

为了让"亚"牌灯泡占领东北市场，张学良还采取了一些措施，号召东北军、省市政府各个部门都购买和使用这种灯泡以及电风扇等产品。对此，日本商人对中国的电器产品拼命抵制，企图想方设法把这些产品挤出东北市场。但是，由于张学良的影响力，"亚"牌灯泡畅销东北市场。张学良一再叮嘱上海电器生产厂家，一定不要愧对国民，确保产品质量。因此，"亚"牌灯泡质量不断提高，可与欧美产品媲美，而且价格明显低于外国灯泡。于是，"亚"牌灯泡在东北家喻户晓，许多外国在华企业也纷纷购买和使用这种灯泡。

在张学良主政东北期间，他坚持发展民族经济，使东北的民族工业、商业得到了发展，使东北成为中国工业相当发达的地区，像煤炭、铁矿开采，还有钢铁、冶炼以及纺织及榨油等工业，闻名全国。

→ 军事干预中原大战

★★★★★

（28 岁）

正当张学良在东北励精图治，想干一番事业的时候，爆发了蒋桂之战，张学良旗帜鲜明，谴责桂系军阀，支持蒋介石。

1929 年 10 月 19 日，宋哲元将军以冯玉祥麾下 27 名将领的名义，发布联合讨蒋檄文，要求冯玉祥和阎锡山领衔发动一场讨蒋战争。蒋介石针锋相对，立即下令进攻冯玉祥的国民军，于是在河南打响了中原之战。

面对国内形势的突变，张学良怎么办？当时，他心里十分清楚，他的一举一动，都受到国内各界的密切关注。而事实上，交战

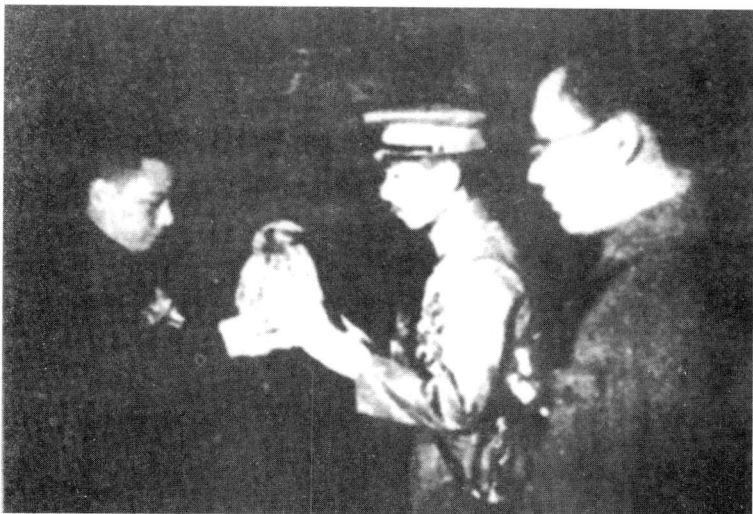
△ 张学良宣誓就任中华民国陆海空军副总司令并接受印信

双方，无论是哪一方得到张学良的军事支持，谁就能赢得这场战争的胜利。所以，在"逐鹿中原之争"中，蒋介石和北方军阀都把注意力集中在张学良身上，并且千方百计地争取他的支持，以期赢得战争的胜利。各个派系都纷纷派出代表，一时间，以得到张学良的接见，与张学良会晤为筹码，似乎天平的倾斜，与这一点有着举足轻重的必然联系。

当然，蒋介石派张群捷足先登到奉天，许以张学良为陆海空军副总司令职务，张群将委任状拿给张学良看，以示诚意。

但是，张学良却采取了中立观望的态度。他之所以持这样的态度，一方面，他根本就不相信当时的国民党，害怕中央政府有朝一日会剥夺他在东北的最高权力。这是极有可能的，因为他了解蒋介石的为人，也深深知道，当时的国民党以及国民政府究竟是怎样的货色。同时，他也不愿意与冯玉祥结盟。在同苏联的关系上，"中东铁路事件"使他心有余悸，假如他参与了中原大战，他担心有人会乘虚而入；他更害怕日本对东北虎视眈眈，因为他很珍惜自己为东北带来的繁荣和稳定的局面。基于以上原因，张学良采取了坐壁观望的立场。他认为，自己这样的态度，有益无害，特别是中原大战战场的僵持态势，更有利于加强他的地位，从而成为这场权力多边之争中举足轻重的筹码。

　　张群为了完成蒋介石交给他的任务，在奉天一直待到夏天。他与张学良进行了多次会谈，并达成了机密性的非正式协议。张学良之所以这样做，他是从国家稳定的全局考虑：东北受到苏联的威胁，存在着日本的压力，国内只有保持统一才能形成共御外辱的联合阵线。同时，还有两个原因：一是南京政府将为东北拨款1500万元，作为奉系军南下入关的军费。这笔钱不能不要。二是张学良私人顾问端纳的劝告。端纳认为，阎锡山、冯玉祥属于旧军阀，反动保守，希望张学良帮助蒋介石打败他们，在中国实行开明自由的政策。其实，端纳的认识有错误的地方。

对阎锡山，端纳的认识是对的，而认为冯玉祥也是旧军阀，似乎对他就不是真正了解了，冯玉祥有强烈的进步意识，他与一般旧军阀，是有本质区别的。

张学良对张群接待热情，而对其他派系的代表，则表现冷淡。

张学良到北戴河避暑，各派系代表蜂拥而至，一时间，北戴河变成了南北军人政客频繁出入的热闹地方。

1930年9月10日，张学良在奉天主持召开了东北高级军政人员秘密会议。在会上宣布了他的意图：东北地处边陲，日本窥伺已久，如欲抵制外侮，必须保持国内统一。他话到此，向与会人员分析了北方军事联盟是一个不稳定的松散的联盟，即使这个联盟得胜，日后各派也难免纷争破裂。他这样的分析很有道理，也是实事求是的。同时，他让与会人员看到，蒋介石虽然不可靠，但是，比较而言，他毕竟比北方军事集团略胜一筹。做了这样一番比较之后，他继续说道，为了实现全国统一，必须早日息兵言和，故此，东北军必须以武力入关，帮助南京政府实现统一大业。

张学良有理有据的分析，得到了与会人员的同意。

1930 年 9 月 18 日，张学良向全国发表和平通电，历数中原大战生灵涂炭之惨状，阐明终止国内纷争的必要性。同时，在通电中，张学良宣布了东北军将以武力对中原大战的各方进行调停，这一举措，轰动了中外。

1930 年 9 月 19 日，张学良命令东北军将领于学忠、王树常率领 20 万大军入关，武装调停

△ 1930年9月18日，张学良通电拥蒋，并率东北军入关。

中原大战。东北军武装干预中原大战，使中原战场上的反蒋联军很快就失败了。于是，中国军阀割据的时代空前惨烈的一场军阀混战，就这样结束了。

→ 见错就收

★★★★★

（28岁）

"中东路事件"导致兵戎相见，张学良预料后果不堪，立即转头收手，足见其英明，一纸《辽俄平和草约》，宣告了中俄之战结束，使中国东北恢复了平静。

中东铁路是沙皇俄国于甲午战争后通过诱迫清朝政府签订的《中俄密约》和《旅大租地条约》两个不平等条约之后修筑的，并于20世纪初通车，贯通东北三省与俄境内的西伯利亚大铁路相连。日俄战争后，沙俄将中东铁路长春至旅顺口的南段划给日本，被称为南满铁路。

本来，解决中东铁路问题，不但有可能，也有机会。1917年，俄国十月革命胜利，苏联政府曾两次发表对华宣言，声明废除沙俄时代一切对华不平等条约，要求两国开始谈判，重建友好平等关系。由于当时中国北洋政府不承认苏联，这些问题未能及时解决。

后来，第一次直奉战争东北宣布独立之后，虽然张作霖曾公开宣称：从1924年5月1日起，所有北京订立的关于东三省、蒙古、热河、察哈尔之条约，未经本司令允许者，概不承认。根据张作霖的要求，苏联政府与东北当局签订了《奉俄协定》。这个协定，与当年的不平等的《中俄密约》略有不同，主要是将归还中东铁路的时间由原来的80年缩短到60年。

1927年，蒋介石向中国共产党人举起了屠刀之后，尤其是在张学良易帜后，东北当局对苏联的政策也开始为国民党反苏立场所左右。蒋介石几次派人鼓动张学良，要他在东北挑起中苏冲突，从而转移国内视线。

1929年年初，东北当局收回了中东铁路电讯权，并得到了苏联政府百余万元的安置费。由此，张学良以为苏联政府没什么了不起。

1929年5月27日，蒋介石密电张学良，说冯玉祥组织护党救国军叛乱，与苏联驻哈尔滨领事有关，要张学良对此严加防范。同时，张景惠派军警强行搜查了苏联驻哈使馆，并制造了"苏联驻哈使馆开第三国际宣传大会，进行赤化宣传，破坏中国统一，助长中国内乱"等舆论，称苏联明显违反《奉俄协定》，为强行接收中东铁路制造舆论。于是，特警处迅速派人搜查逮捕了有关人员39人。

也就是从此开始，苏军与东北军不断发生武装冲突。1929年8月15日，张学良发布动员令，出兵六万，后来增加兵力到十万人，在王树常、胡毓坤为东西两路总指挥，向中苏边境集结。8月18日，蒋介石派何成浚赴沈阳协助张学良处理讨俄军事，张学良以东北边防司令长官的名义

△ 开赴满洲里前线的东北军

下达了防俄动员令。

　　面对这种一触即发的形势，蒋介石趁机向张学良提议，由阎锡山、唐生智抽调八个师的兵力在关内集结，一旦需要，出关协助东北军对苏作战。张学良对此明确向媒体表态：

　　"对俄战事，兵力充足，无劳中央军必要，但望在军火弹药上予以接济。"

　　雄心勃勃的张学良哪里知道，与东北军较量的苏联特别远东军，兵力有三个步兵师、一个骑兵旅和一个蒙古骑兵营，总兵力四万多人，

△ 冲突爆发时，东北军拥有30辆法国制造的雷诺FT–17轻型坦克。

并且装备了飞机、大炮、战舰和 MC-1 坦克。

8月23日，张学良向媒体发表谈话说：

"我本军人，为国家服务，在此有守土之责，今苏俄不顾中俄、奉俄两协定，乃以恫吓手段相加，我自当尽军人天职，实行自卫。"言出凿凿，满怀必胜信念。

9月25日，苏联照会中国政府，要求停止"地方政权的犯罪性活动，并警告，如果招致严重后果，概由中国负责"。国民党南京政府巴不得

△ 武装冲突中，苏军首次使用了T-18轻型坦克。

东北军立刻与苏军交火，哪里还管苏联政府对中国的照会。

10月中旬，苏联军队向中国发动攻势，先后占领了同江、富锦、密山、满洲里、海拉尔等地。在对苏作战中，东北军伤亡惨重，被俘者达八千多人。

这时，张学良面对如此惨败，不顾南京国民党政府的阻挠，迅速决定派代表同苏军谈判。同时，在11月26日，张学良密电苏联政府，接受苏联方面提出的三项条件，同意恢复谈判。12月23日，中苏签订议定书，也就是《辽俄和平草约》或《双城子草约》。议定书规定：恢复中东路原状，尊重其共同管理的原则，解除白俄部队武装，恢复双方的领事馆，实现边境正常化。

既然在事实面前承认自己错了，见错就收，可见张学良的英明与智慧。

西安事变前后

(1935-2001)

→ 寻求救国新路

张学良按照蒋介石"攘外必先安内"的策略，命令东北军撤出了东北，将东三省的大好河山拱手送给了日本侵略者。此举，张学良背负着国人的骂名。然而，张学良毕竟不是软骨头，他在风雨中寻求着救国的新路。在这个重大问题上，首先应该提到杜重远这个人。

杜重远，辽宁怀德县人（今属吉林省）。1926年，杜重远在沈阳创办肇兴窑业公司，投产后的第一批红砖没有销路，是张学良帮助联系的销路，使新开张就面临倒闭的企业，起死回生，实业从此干了起来。由此，杜重远与张学良相识，此后二人关系很好。九·一八事变之后，他的窑业公司还是破产了。他离开沈阳，只身到上海，做了两件事，一是继续办他的实业，开办企业，二是积极从事抗日救亡运动，与邹韬奋、胡愈之等人友情甚笃。他担任《新生周刊》总编辑期间，大力宣传抗日。1935年5月4日，因他的《闲话皇帝》一文，揭露了日本军国主义的侵略阴谋和国民党政府的卖国行径，日军以"侮辱天皇"罪向国民党政府提出严重抗议，杜重远因此被判处一年零两个月的徒刑。他在监狱里患病，获准保外就医，移居上海虹桥疗养院。

▷ 七君子在南京与马相伯、杜重远的合影

此时的张学良认为，杜重远在上海，一定结识了很多爱国进步人士，在政治上一定有好的见解。想到这里，他在国民党"五大"闭幕后，秘密去了上海，设法约见了杜重远。

见到杜重远之后，张学良与他述说了去年冬天自己从意大利回来，宣扬法西斯主义，拥护蒋介石做领袖，违心地服从蒋介石打共产党，希望国家统一后抗日。他把自己的思想活动与变化，与杜重远和盘托出，征求杜重远的意见，以期得到他的指点。

由此看来，张学良真的把杜重远当做政治上的知己。

杜重远听了张学良的话，给了张学良这样的建议：为了拯救东北三千万同胞，为了东北军的前途，为了张学良个人的荣誉，必须下定决心，抛弃以前的错误做法，走联合抗日的道路，实现西北大联合，共同抗日。

这是原则与大前提。

接着，杜重远进一步分析了实现上述原则，实现上述大前提的三个有利条件：

第一，中国共产党不久前发表的《八一宣言》，主张停止内战，一致抗日；第二，陕西杨虎城将军有抗日思想，其部下有些人主张抗日；第三，新疆盛世才是东北人，他利用地理优势，与苏联的关系搞得很好。以上三个条件，是实现西北各方面政治力量的大联合、共同抗日的基础。

张学良对杜重远精辟的分析表示赞同。同时，他对联合杨虎城、盛世才信心十足。但对联合共产党还存在顾虑。

杜重远针对张学良的顾虑说道：

"共产党是忠实于自己的政治主张的。在中华民族面临亡国的危险时刻，能主张同一切愿意抗日的力量团结起来，足以看到其诚意，是不容怀疑的。"

张学良听了杜重远的分析与开导，打消了顾虑，决心联合抗日。

在这次上海之行期间，张学良还约见了刚从苏联回来的东北义勇军将领李杜，寻求和共产党联系与沟通。张学良知道，李杜自从在东北抗日失败后，退到苏联境内，同共产党组织有接触，回到上海后，很可能仍和共产党保持联系。

张学良同李杜谈话明确表示，愿意在西北与红军联合抗日，希望能同共产党的负责人商谈这个问题。同时，他请李杜帮助寻找共产党的关系。李杜听了张学良的话，欣然表示，这件事他一定帮忙，待找到共产党关系后设法通知他。

张学良回到西安之后，为能否找到共产党的关系而担心，因为与共产党谈联合，是实现西北联合抗日的根本与关键，这一点，他是很清楚的。

△ 北京大学学生的示威游行队伍

只有尽早与共产党取得联系，这一问题才能有望解决。因此，他不单靠杜重远和李杜，他又想到了另外两条线索。

张学良想到，北京一二·九学生运动是共产党领导的，而东北大学的学生又是积极参加这次运动的重要力量，自己作为校长也许能从东北大学内找到共产党的关系。于是，张学良在回到西安之后，立即召见了东北大学救亡工作委员会派到西安的学生代表宋黎等三名学生。宋黎向张学良报告了一二·九学生运动的详细经过和当前全国抗日运动发展的新形势，还讲了东北人民在日军铁蹄下的亡国奴生活，激愤泪下，使张学良大受感动。张学良在与宋黎三个半天的谈话过程中，从宋黎的言谈、态度、思想、观点等方面看，眼前的这位学生不只是位爱国进步青年，很可能就是共产党的人。后来，张学良竟然诚恳地问宋黎是否是共产党。事实上，宋黎真的就是共产党员，但是，他不能暴露身份，所以，他只能回答他不是。然而，张学良断定，宋黎就是共产党。于是，他把宋黎留在自己的身边当秘书，打算经过考察，再把大事托付给他。

宋黎是张学良寻找共产党的一条线索。

而另一条线索，则是他想通过东北军前线部队与红军接触，取得与共产党的联系。

→ 毛泽东给张学良的信

★★★★★

（35岁）

高福源是东北讲武堂毕业生，性格刚强豪放，诚实正直，深得张学良的喜欢，是张学良的心腹之一。本来，高福源对于东北军撤出东北，将大好山河拱手让给日本侵略者就一肚子不满，但军人必须绝对服从命令，他也只好带着自己一个团的弟兄，和东北军一起撤到了西北。当高福源所部被红军打得惨败后，他更加认识到，这是蒋介石借刀杀人！其实，东北军每次与红军交锋，不仅连遭失败，而且越打越觉悟。也就是在这种情形之下，高福源所部在榆林桥战斗中全军覆没，高福源也成了红军的俘虏。

经过红军的政治教育，使本来就意识到内战没有任何出路，只有枪口一致对外，才能将日本侵略者赶出中国去的高福源的觉悟很快得到了提高。高福源在向红军领导说明自己几个月来的思想变化以后，表示非常赞同和钦佩红军停止内战，一致抗日的主张，并且很爽快地说：

"红军的一切主张，一切做法，我完全同意和衷心佩服。我相信，红军的这些主张和做法不但我完全同意和佩服，东北军、甚至张副司令知道了，也会同意，也会佩服，并且可能愿意在抗日的前提下同红军合作。我愿意自告奋勇，去说服东北军和张副司令与红军联合抗日，不知你们能否相信我？敢不敢放我回去？"

毛泽东得悉上述情况后，当即派中共中央联络局长李克农跟高福源谈话，让李克农告诉高福源：

"我们不但敢放你高福源一个人，也敢放东北军的全部俘虏官兵。来去自由，悉听其便。"

▷ 李克农（右一）

听了这样的答复，高福源高兴极了，他向李克农表决心说：为了联合抗日，他绝不怕任何危险！

几天以后，高福源带着周恩来写给张学良的亲笔信，回到了东北军，他向王以哲报告说：

"我是红军派回来见张副司令的，有重要事情报告。"张学良亲自驾驶飞机，秘密飞到洛川，当他见到高福源的时候，先是一番大发雷霆，当然是对高福源的考验。

面对张学良的怒吼，高福源非但没有丝毫畏

惧，而是声泪俱下地讲了共产党主张的"停止内战，一致对外"，帮助东北军打回老家去的诚意，他把周恩来的信交给张学良。

周恩来在信中指出：中国人不应该打中国人；杀死自己的兄弟，以饱狼腹，这非人类所为。

张学良被周恩来的这封信感动了，他紧紧握住高福源的手。张学良和王以哲经过缜密的思考后，决定派高福源再去苏区，请求中共中央派正式代表来洛川商谈抗日救国大计。

1936 年 1 月 16 日，高福源回到瓦窑堡，会见了中共中央联络局局长李克农，把张学良寻求抗日合作的心愿作了详细汇报。毛泽东、周恩来亲自接见了高福源，对他的爱国行为给予赞扬，表示将派李克农作为正式代表同张学良将军会晤。

根据张学良要求派正式代表进行商谈的意见，中共中央作了认真的考虑，毛泽东首先提出了同东北军谈判的条件，全部军队停战，全力抗日讨蒋；目前各就国防互不攻击；互派代表商定停战办法；提议组织国防政府，抗日联军；请表示目前东北军可能采取之抗日讨蒋最低限度之步骤；立即交换密码，等等。

1936 年 1 月 25 日，毛泽东、彭德怀等 20 位红军将领特致函东北军张学良副司令、于学忠、王以哲等并转东北军各部团长及全体将士。毛泽东等红军领导在信中表示：

蒋介石是中国自古以来最大的汉奸卖国贼，他要把整个中国卖给日本帝国主义；东北军在蒋介石南京政府不抵抗的命令之下，放弃了自己的家乡与土地，使自己的父母妻子兄弟姐妹们为日本帝国主义强盗们所蹂躏、压迫、奸淫、残杀；总之，蒋介石要消灭东北军，使东北军官兵流离失所、冻死、饿死、病死、打死，好叫日本帝国主义少一个敌人，好使蒋介石少一个对头；东北军的敌人是日本帝国主义强盗，是卖国贼蒋介石，所以抗日反蒋是你们的唯一出路；东北军中间，哪一个爱国军人说起打日本帝国主义、打卖国贼不摩拳擦掌、挺身而出。

在这封信中，还历数了东北军的光荣历史，以及红军对东北军抗日的光荣历史是极端爱护的，对于东北军的发展前途是非常关心的。

在这封信的最后，振臂喊出了"我们是中国人，要为中国的独立解放奋斗到底! 救中国是我们中国人民自己的责任"的气壮山河的口号。

也就是在此期间，蒋介石要求与中共谈判的信息经由宋子文送到宋庆龄手里，宋庆龄在上海亲自召见了董健吾。

董健吾，毕业于美国圣公会所属的上海圣约翰大学。1927 年 7 月加入中国共产党，公开身份是牧师。宋庆龄交给董健吾一封重要信函，叮嘱董健吾，一定要当面呈毛泽东或周恩来。董健

△ 董健吾

吾深知此事非同寻常，即刻将这封密信缝进自己贴身背心里边，并以他同学宋子文给他的中央财政部经济特派专员的身份上路了。

董健吾来到西安之后，由于天寒地冻，加上大雪纷飞，通道全都被堵塞，他只好在焦急中等待天气好转，也是在想办法通过国民党军队的严密封锁与严格的盘查。半个多月过去了，董健吾仍旧没有很好的办法去延安。这时，他突然想起了临行前宋庆龄叮嘱他的话：

"你要马上到陕北瓦窑堡去一趟，当面给毛泽东、周恩来送一封信。这封信非常重要，把信送到了，益国匪浅，就立了一大功。在万不得已时，你可以直接去见张学良，让他送你过去，把信送到瓦窑堡。"

董健吾想到这里，立刻去见张学良。

董健吾见到张学良，就亮出了宋子文给他安的头衔，请求张学良帮助，他要前往红军区域。

张学良听了董健吾的请求，先是大吃一惊，然后厉声说道："你身为党国特派员，竟敢到我这里提出这种要求，凭这一点，我就可以把你拉出去枪毙！"

董健吾根本不怕张学良的吓唬，微微笑道："张将军，我是为抗日大业而来的，你要是打死我，我并不感到遗憾，而且感到光荣之至。"董健吾说话的时候，早已收起了笑容，神情庄重，正义凛然。

张学良心里似乎也猜到了这一点，继续厉声问：

"你是干什么的？受谁的指派到这里？若如实讲，我可免你一死。"

此时，董健吾的脸上，连半点微笑都没有，不过，用温和口气回答道：

"副司令，我是受孙夫人之托，给中共方面送信，传达国共两党重修旧好，联合抗日之目的。"

张学良听了董健吾的话，脸色、口气全变了，他惊喜地说："是孙夫人叫你来找我的？！"

"正是。"董健吾只用极其简洁的语言回答，然后，他说："日寇步步入侵，欲亡我中国，孙夫人深为忧虑，在沪上奔走呼号，吁请停止内战，共御日寇。应最高当局要求，孙夫人委派我去见毛泽东，传递国民党愿意和谈的信息。"话说到这里，董健吾才将宋子文给自己的委任状拿出来，递给张学良看。这时，张学良对董健吾终于相信了。他对董健吾说：

"我张学良爱国之心未泯，只要为抗日，有求必应，何况你又是孙夫人委派来的。"

通过此事使张学良感到，董健吾这次到中共方面传达国民党联共抗日的信息，肯定是经过蒋介石首肯的。这样看来，蒋介石也在暗中派人到苏区找中共接洽，准备商谈联合抗日的事情。想到这里，张学良立即产生了一个想法：蒋介石让东北军"剿共"打头阵，而他自己则秘密地与中共拉关系，为什么不许东北军与中共交往呢？由此，更加坚定了张学良"联共逼蒋抗日"的想法。

第二天，张学良把一封亲笔信交给董健吾，并对他说："请先生转交毛泽东先生。"然后，他亲自驾车送董健吾到机场。

董健吾坐张学良的专机，由美国飞行员驾驶飞到了延安。

2月27日，董健吾抵达瓦窑堡，林伯渠、张云逸等领导人出城迎接，代表毛泽东对董健吾的到来表示欢迎。第二天，董健吾由林伯渠陪同，见到了博古，说明来意，要见毛泽东、周恩来。博古告诉董健吾，毛泽东和周恩来等领导正率领红军东征，驻扎在山西石楼，宋庆龄和张学良的两封信，由他负责电报传达。

3月4日，毛泽东、周恩来等从前线发给董健吾联名电报，电报的六点意见，充分表达了中共方面同意与国民党政府合作，联合抗日的意愿。

3月5日，董健吾带着毛泽东等人的联名电文离开瓦窑堡，返回了西安。

1936年的初冬，西北的严寒侵袭着张学良的东北军和共产党的红军。在最寒冷的时候，中共领导人周恩来设法把红军的给养匀出一部分转给衣衫单薄的东北军士兵。对此，张学良和东北军官兵尤为感动。

中共方面了解张学良的处境艰难，于是，采取了同他单线联系的方式，促使双方联系顺利进行。

➡ 与李克农会晤

★★★★★

（35岁）

1936年2月，红军方面派李克农赴洛川与张学良谈判，解决联合抗日的问题。

中国共产党为了以实际行动促成全国抗日的实现，由中国工农红军第一方面军以中国人民红军抗日先锋军的名义东渡黄河抗日。

李克农与张学良谈判之前，中共方面毛泽东、彭德怀致电王以哲并转张学良指出：

贵军与敝军之联合抗日号召全国，必为蒋介石所深恨，制造谣言以中伤破坏两方团结，实意中事。希望贵方不为奸人谣言所动，威利所屈，坚持联合抗日之立场。

此电文意旨十分明确，突出的是预见性，强调的是联合抗日，而重点在于不为因被"蒋介石所深恨"而必然导致或出现的破坏双方团结的造谣生事以及威逼利诱等现象。这份电文，可谓"水未来先憋坝"是也。

在李克农去洛川之前，高福源又被派往洛川一趟，目的是约好了红军与王以哲电台通讯的呼号和密码。2月21日，李克农一行人在高福源引导下，由瓦窑堡出发，25日到达洛川。

中共方面的人已经到了洛川，王以哲立即电告张学良。张学良回电说，他暂不能去洛川，此间他因事去南京。并嘱咐王以哲，妥善接待好李克农一行。张学良同意王以哲先与李克农商谈一些具体问题，重大问题待他从南京回来再定。

双方谈判的准备工作，可谓妥善。

双方接触也就两天的时间，李克农与王以哲就达成了五条口头协议：

一、为一致抗日，红军与六十七军互不侵犯，各守原防；二、恢复六十七军在肤施（延安）、甘泉、富县之间公路交通及通商；三、肤施、甘泉两城六十七军部队所需粮、柴等物可出城向苏区购买，红军和地方政府可动员群众运粮、柴进城出售，恢复正常通商关系；四、恢复红白两地区通商，双方有保护采购人员安全之责；五、红军同意被困在甘泉城内的部队换防。

毛泽东获悉以上五条口头协议之后，复电李

△ 1936年4月9日，张学良乘飞机抵达延安，同周恩来、李克农在延安桥儿沟就停止内战，一致抗日等问题举行了秘密会谈。图为会晤地址西安天主教堂。

克农，对同王以哲初步达成的协定草案提出补充：

一、为巩固两军团结一致对日，确立互不侵犯，各守原防之原则；二、富县、甘泉、肤施交通可即恢复往来；三、肤施、甘泉两城现驻部队所需粮柴等物，可向当地苏区群众平价购买；四、恢复红白两区通商关系。

从以上口头协议初稿与修改稿的前后变化上看，前者重在具体问题的细节，而后者则重在突出原则。

这里，东北军与红军之间进行着谈判，而此时，中共中央与南京当局之间，也谈判达成了五条意见：

一、停止一切内战，全国武装不分红白，一致抗日；二、组织国防政府与抗日联军；三、容许全国主力红军迅速集中河北，首先抵御日寇迈进；四、释放政治犯，容许人民政治自由；五、内政与经济上实行初步与必要的改革。

毛泽东电告李克农将国共谈判的五条意见通报给张学良。

3月3日，张学良从南京回到西安。4日上午驾飞机到洛川。当天下午3时，在洛川东门孔子庙旁的四合院内，张学良与李克农就有关团结抗日问题进行了长时间的会谈。张学良谈笑风生，十分潇洒；李克农谈吐机智，风趣幽默。尽管双方为了某个具体问题而争得面红耳赤，但从整个会谈的气氛看，还是轻松与和谐的。双方会谈的内容，除了完全同意关于红军与六十七军的局部口头协定外，主要是有关抗日问题。张学良对中共抗日民族统一战线的策略中的"反蒋抗日"表示异议。就此问题，双方有如下的对话：

张学良问："你们为什么要提'反蒋抗日'？要争取一切可以争取的人参加抗日战争，为什么不包括蒋介石在内？"

李克农回答："蒋介石对外屈从，专打内战，残酷镇压抗日爱国运动，共产党不能把他作为联合对象。若与他合作，无疑是与虎谋皮。"

听了李克农的回答，张学良摇头，意思当然是不同意。由此，双方发生了激烈的争论。再有，在双方停战的一些具体问题上没有达成协议，而只达成了一些具体问题的口头协议。在结束会谈前，张学良表示，中共应派一位全权代表，最好是能够直接同毛泽东或周恩来会谈；地址在肤施，时间由中共决定。李克农对张学良的建议当即表示：待向党中央汇报后，再给予答复。

3月5日凌晨4时，洛川秘密会谈结束，李克农立即电告在山西石楼的毛泽东和周恩来，并请示下一步行动。

3月6日，中共中央复电慰劳，同意会谈结果，要求李克农到山西石楼向中央汇报会谈详情。第二天，李克农到山西石楼汇报工作完毕。3月8日，中共中央在山西石楼附近召开会议，认为张学良要求会见中央负责人是有诚意的，因此决定派周恩来为全权代表，与张学良谈判。

→ 又一条线索

★★★★★

（35 岁）

1936 年 3 月 10 日，红军接到命令，主动解除对甘泉东北军的包围。张学良送走李克农回陕北后就返回西安。这时，他接到上海李杜的电报："寻找的朋友已经找到了。"张学良知道李将军所说的"朋友"的含义，虽然已经同中共中央建立了联系，但他对李杜介绍的中共关系同样重视。为此，他决定选派自己的亲信——二师参谋长、高级参议赵毅秘密前往上海接关系。

其实，赵毅要见的是个叫刘鼎的人，是经宋庆龄介绍给董健吾后，董健吾把张学良寻找中共关系商谈抗日的事情说了，征询刘鼎可否担当此重任。听董健吾提出这样的问题，刘鼎觉得事情来得突然，他不知底细，只好委婉地对董健吾说：

"我急于找到党中央，希望能得到组织的指示。"

董健吾对刘鼎说："到了西安可以去陕北，这是一个条件，一定要让他们送你去陕北。这次我去陕北，就是张学良派飞机送到肤施，再派骑兵护送到瓦窑堡的。"

△ 张学良与蒋介石在华清池宴会上

刘鼎听了董健吾的话，以为这是自己找到党中央的唯一途径，但他想到，此事关系重大，表示要考虑两天再做答复。两天后，李杜得到刘鼎的答复，便立即电告张学良，说是他要找的朋友已经找到了。

3月20日，张学良参加了西北"剿匪"总部在西安召开的"剿匪"会议。因张学良在开会，刘鼎暂住董健吾介绍的陕西省禁烟局局长家中。3月21日，赵毅接刘鼎见张学良。

张学良与刘鼎初次见面，没有把所有的打算如实讲出来，只是以试探的口吻提出了几个问题。而刘鼎也没有直接回答张学良提出的问题，而只是说，这些问题下次见面时再谈。

第二天，刘鼎来见张学良，并对他提出的几个问题逐项谈了他的看法。他对张学良说：

"张将军掌握着几十万东北军的兵权，坐镇东北，有守土之责。日军发动九·一八事变时，张将军所部守军不放一枪一弹，以致一夜间奉天失守，数日内东北全土沦陷。因此，全国人民必然骂阁下是不抵抗将军、投降将军，而共产党在这个问题上的态度，同全国人民是一致的，不能不表示意见。在中东铁路事件发生时，东北当局一方面首先挑衅，进攻苏联；另一方面，又容忍日本帝国主义在东北大肆扩张势力，对张将军的这种做法，苏联红军保卫国土，进行反击是完全正确的。至于红军打东北军，首先是阁下的军队充当了蒋介石"剿共"的先锋军，先后在鄂豫皖及西北积极为蒋介石打内战，使红军和苏区遭受了极大的损失。前不久，红军为了自卫，进行反击，使东北军受到挫折，这同东北军给红军造成的损失相比能算打得狠吗？"

听到刘鼎说到这里，张学良不得不对刘鼎刮目相看了。他想，自己眼前的这个人，对时事政治问题不但敏感，而且看得很清楚；同时，站在高处，居高临下，使问题是非一览无遗。尤其对东北军"剿匪"行动，更是刀刀见血，触到痛处。刘鼎见张学良一直不动声色地听自己说，并且面沉似水，以为话说到此，可以了，于是，收住话头，总结性说出了下边的一些话：

"红军有广大人民的支持，能征善战。是一支不可战胜的革命武装。事实证明，蒋介石的百万大军对红军无可奈何，何况东北军呢？所以，张将军不要上蒋介石借刀杀人之计的当，把东北军推上'剿共'前线，损失军事实力。因此，张将军应当考虑东北军当前最主要的敌人是红军还是日本帝国主义？蒋介石到底是否真打日本？东北军只有联合红军抗日，才能洗掉'不抵抗'、'投降卖国'等耻辱，这才是张将军的明智之举。"

刘鼎的话，说到了张学良的要害。张学良从心里佩服刘鼎，他非但没有气恼，反倒十分高兴。

他诚恳地对刘鼎说：

"刘先生的见解不同凡响，我们还要多谈谈，你是我请来的朋友，就请住在这里。"刘鼎却表示要去陕北。这时，张学良才将前不久与中共方面李克农在洛川会见并约定与周恩来在肤施见面的事情告诉刘鼎。最后，他们决定一起走，并约请刘鼎先到洛川住几天，刘鼎同意。1936年3月23日，张学良接到蒋介石的电令：封锁延长、延川一带黄河，以防备红军撤回陕北。张学良对蒋介石的这道电令，当面服从背后不执行。为此，蒋介石对张学良大为恼火。

这时，张学良接到中共方面的电报，电文如下：

一、中共中央决定派周恩来为代表，李克农陪同，前往肤施与将军会谈，时间定在1936年4月4日，周、李事先在肤施东十余公里川口处，等候将军派人迎接；二、谈判宜速，周、李在肤施只住一天一夜，一俟完毕，即请将军派人送出城；三、将军方面有什么讨论的问题请事先电告我们。

张学良读了电文，悬着的一颗心立时归位，心情好了许多。从这份电报中，他知道李克农在中共方面的地位和他同中共领袖之间的关系。他终于相信，经李克农的穿针引线，与中共联合抗日一定能够成就。

→ 历史性的会谈

★★★★★

（35 岁）

1936 年 4 月 6 日，中共中央毛泽东和彭德怀司令员致电张学良、王以哲，通知他们周恩来、李克农的行期及联络地点，提出了这次会谈需要商量的几个问题：

甲：敝方代表周恩来偕李克农于 8 日赴肤施，与张先生会商救国大计，定于 7 日由瓦窑堡启程，8 日下午 6 时前到达肤施城东二十里之川口，以待张先生派人至川口引导入城；关于入城以后之安全请张先生妥为布置。

乙：双方会商之问题，敝方拟为：一、停止一切内战，全国抗日救国不分红白，一致抗日救国；二、全国红军集中河北抵御日帝迈进问题；三、组织国防政府、抗日联军具体步骤及其政纲问题；四、联合苏联及先派代表赴莫斯科问题；五、贵我双方订立互不侵犯及经济通商初步协定问题。

丙：张将军有何提议，祈预告为盼。

一切按照预定的步骤进行，张学良与周恩来在清凉山下桥儿沟的一座天主教堂前见面。彼此寒暄之后，张学良把刘鼎介绍给周恩来。当周恩来见了刘鼎，立即喊出了"阚尊民"这个名字。原来，阚尊民已经改名叫刘鼎了。

刘鼎见了周恩来，像一个走失的孩子突然回到家，猛然见到自己的亲人那样，激动地向周恩来问好，周恩来也问了问最近几年他的情况，因条件关系，只是点到为止，不允许太具体。

△ 1936年4月8日,张学良飞抵延安与周恩来共谈合作抗日。

1930 年初，刘鼎从苏联回国，是向周恩来报到的，然后，在周恩来的直接领导下，在上海敌人心脏里，进行了特殊的战斗。转过年来，周恩来去了中央苏区，刘鼎与周恩来从此一别，已经四年多未见了。

会谈开始。张学良说：

"我从欧洲回来以后，一心拥护蒋介石的独裁统治，曾相信法西斯能救中国。可是经过实践和周围朋友的劝告，特别是李克农先生和刘鼎先生对时局的透彻分析，我认为我的想法是错误的。"

周恩来仔细听着张学良的话。

张学良继续说了下去：

"我认为必须实行民主主义，才能唤醒民众。联俄，联共，扶助农工是中山先生积 40 年的革命经验，我们不能放弃，所以，共产党提出抗日民族统一战线政策，我是赞成的。不过，关于争取蒋先生参加抗日阵线的问题，我和你们有不同的看法，在洛川我已经和李克农先生谈过了。意见未能达成一致，所以，特约请周先生亲自谈一谈。"

张学良申明政治立场，越来越具体。从三民主义一直转到眼前的抗日民族统一战线，再到对是否将蒋介石包括在抗日民族统一战线的范围之内的问题，统统都说清楚了。张学良说到这里，把话头暂且打住。这时，周恩来说话了：

"这很好嘛，我们多接触多谈，双方就会多了解多谅解。"

周恩来的话虽不多，却即可看出他的大气、大度，又能从中感到，一切问题只要到了他的手里，都是可以、可能得到很好解决的。周恩来表示，关于统一战线的问题，中共很愿意听听张将军的意见，以便在决策时考虑。

周恩来的话，给张学良以很大的鼓舞，他满怀信心地说：

"抗日民族统一战线既然要争取一切可以争取的力量参加，那么蒋先生也应包括在内。他是中国现在的实际统治者，全国主要军事力量都被他掌握，财政、金融、外交等也由他一手包办。我们发动抗日战争，如不把他争取过来，困难是很大的，他势必会与我们作对，甚至可以用中央政府的名义讨伐我们，像张家口对付冯焕章先生那样，蒋先生的脾气我是知道的，为了自己，他会一意孤行到底的。"

既然会谈已经切入正题，周恩来收敛起笑容，严肃地说道：

"我们共产党并非不愿意争取蒋先生这一强大的集团抗日，而是考虑到可能性不大。蒋介石在中国面临亡国灭种的紧要关头，却一再鼓吹'攘外必先安内'，这与清朝西太后的'宁赠友邦，不与家奴'的卖国主张如出一辙。所以，蒋介石实际上充当了日本侵略中国的走狗。"

周恩来一语彻底撕破了蒋介石反动的真实嘴脸，也就是此语，弄得张学良无话可答，只好沉吟，过了一会儿，他才缓缓地说：

"我们对蒋先生可能不甚了解，其实他也有抗日的思想和打算。日本人一再进逼，他也感到难堪，心里也恨。但他长期

▷ 周恩来

以来一直固执地认为，必须先消灭共产党，然后才能抗日。因为共产党的一切口号，一切行动都是为了打倒他，所以他若在前方抗日，不免有后顾之忧，这就是他'攘外必先安内'政策的根据。"

张学良既是在说明"攘外必先安内"的所谓根据，其实也不得不承认，人家蒋介石历来的敌人就是共产党，就是红军。这倒是坦诚。

话到此，周恩来表情冷峻起来，历数了蒋介石背叛孙中山先生的三大政策，血腥镇压共产党的种种行径。他说得非常激动。此时的张学良，也无话可说了。

周恩来认为话已经够多了，因此收住了话头，以"这些旧账我们共产党人不愿意再算了"作为结束语。

张学良不失时机地接过话茬说："对，抗日是当前最紧迫的大事！"

周恩来向张学良表示：只要蒋先生愿意抗日，共产党愿意在他的领导下，捐弃前嫌，一致对外。

有了周恩来的这句话，张学良立时心里有底了，他十分高兴地对周恩来表示："你在外面逼，

△ 谈判后,周恩来与毛泽东等在机场合影。

我在里面劝，一定可以把蒋先生扭转过来。"内外夹击，不失为策略。

对此，周恩来也表示赞同。他对张学良说："这个问题很重要，我回去报告中央，认真考虑再作答复。"

周恩来还向张学良解释，红军的大部分将领都曾是蒋介石的部下，因此，只要蒋介石以诚相待，他们愿意再度服从他的指挥。

同时，周恩来还表示：如果蒋先生仍然怀疑共产党参加抗日统一战线的用意，他周恩来愿意被扣押在西安，作为人质。

以上两点，充分表明了中共方面的诚意，说明中共的大度和团结抗战的决心。

张学良为周恩来的人格和共产党人的追求所倾倒，他答应周恩来一定向蒋先生报告这次会谈的情况，努力劝说蒋先生同意这一既成事实。张学良也向周恩来表态："我张学良是坚决抗日的，我正在准备与日本人决一死战！"

对于张学良的态度，周恩来说："我们都是爱国者，我们一定要打败日本，挽救中国！"

张学良对周恩来说："日本不仅给我的家庭带来了不幸，也给中国造成了民族耻辱。我决不甘心在为中国而奋斗中落在他人后头。然而，我有自己的上级，许多事情以我的地位是不能决定的。但是，我要尽最大努力使蒋先生理解你们。"说到这里，张学良似乎觉得还不够劲儿，就又补充了一句："彼此决不背信弃义！"

会谈结束时，张学良为了表示与红军联合的诚意，慷慨解囊，拿出自己的私款两万元光洋资助红军。尔后，他又赠送红军二十万法币。

当周恩来一行离开清凉河天主教堂时，他兴奋地说："这次会谈，谈得真好啊！出乎意料！"原来，中共领导曾估计会谈在抗日救国十大施政纲领、组织国防政府和抗日联军等问题上会有争议，因此设计了多种方案。然而，张学良对最初的方案原则上同意了，在具体问题上，他也表现大方和主动，而这些表现的根源，自然是他的爱国热忱。

→ 与杨虎城精诚合作

★★★★★
（35 岁）

张学良和周恩来会谈后，情绪十分高涨，

△ 张学良与杨虎城

对于联共、联蒋、联杨等各项工作非常积极。此时，张学良清楚地知道，在他率领东北军刚到西北的时候，他与杨虎城的关系并不好，尽管表面上两军没发生过什么冲突，而实际上两军之间彼此戒备和猜忌误会还是存在的。

1935年下半年，张学良的东北军移防到西安，杨虎城产生了"失之东北，收之西北"的看法。同时，蒋介石又有意从中挑拨离间，从而增加了张、杨之间的紧张关系。蒋介石一面对张学良说：

"只要东北军剿共能立功，可以考虑将杨虎城调出陕西。"

反过来又向杨虎城暗示：

"张学良有大西北主义思想，千万要注意。"

杨虎城，原名彪，号虎臣，陕西蒲城人。1924年加入国民党，任冯玉祥的国民军三师师长。1926年，他主持陕西军务，在吴佩孚部将刘镇华入陕时，他和李虎臣一起坚守西安，人称"二虎守长安"。为表守城之志，两人均改为"虎城"，杨虎城由此得名。

1929年杨虎城投归蒋介石，任国民革命军新编十四师师长。不久，任十七路军总指挥，兼任陕西省政府主席，成为陕西权重的大人物。他的部队基本都是西北人，所以人们都叫"西北军"。西北军与东北军一样，都不是蒋介石的嫡系。

经过几番周折，张学良与杨虎城终于走到了一起，当然是为了共同抗日。

高崇民来西安向张学良说明了以下三个方面问题：第一，蒋介石派东北军"剿共"是个阴谋，其意在于使西北军、东北军相互牵制，两败俱伤；第二，中共和红军是受人民拥护的，是不可能战胜的；第三，东北军"剿共"是没有出路的，只有抗日才有生路，才能得到人民的拥护。

由此，张学良找杨虎城谈话交心，消除彼此间的误会。"只有消除两军之间的误会，方可共图大事。"这是张、杨的共识。高崇民在张、杨之间疏通，双方终于消除了误会，相互交心，甚至将与中共红军的联系都向对方公开，成为知心朋友，精诚合作。

1936 年 5 月，中共中央将"反蒋抗日"改为"联蒋抗日"后，张学良与杨虎城达成共识：东北军与十七路军不打内战，联共抗日，实行与红军的三方合作；决定由张学良担负劝蒋抗日的任务。

⊙→ 苦劝蒋介石

★★★★★

（35 岁）

为了"联蒋抗日"，张学良对蒋介石苦苦相劝，结果仍旧徒劳。

1936 年 9 月 1 日，中共中央根据国内形势的变化和国际反法西斯统一战线的要求，参考张学良的建议，改变了过去"反蒋抗日"的政策，向全党发出《中央关于逼蒋抗日的指示》，其中有这样最新的表述：

"目前中国人民的主要敌人，是帝国主义，所以把日本帝国主义与蒋介石同等看待是错误的，'反蒋抗日'的口号也是不适当的。""在日本帝国主义继续进攻，全国民族革命运动继续发展的条件下，国民党中央全部或其大部有参加抗日的可能。我们的总方向应是逼蒋抗日。"此决定经刘鼎转告张学良。对此，张学良很感动。尔后，张学良为培养抗日军官，创办了东北军学兵队。为保证安全，学兵队办在卫队二营内，称卫队二营学兵队。

　　1936 年 9 月 18 日，张学良在西安"东北沦陷五周年纪念会"上发表演讲。会后，他接见了群众代表，表示一定要"率东北军披甲还乡，雪耻报仇"。

　　1936 年 9 月 23 日，张学良在给蒋介石的电报中，虽然只请求抗日，没谈到与中央的接触，但还是有苦衷的流露。

　　1936 年 10 月 5 日，张学良接到毛泽东、周恩来的来信，信是这样写的：

汉卿阁下：

　　中国共产党建议全国各党派、各界、各军的抗日民族统一战线已经一年多了，虽已得到全国人民的赞助，但中国国民党不但至今采取游移不决态度，而且当日寇正在准备新的大举进攻时，反令胡宗南深入陕西，配合先生所指挥的部队扩大自我残杀的内战……先生是西北各军的领袖，是内战与抗战歧途中的重要责任者，如能顾及中华民族历史关头的出路，即祈当机立断，立即停

止西北各军向红军的进攻。并祈将敝方意见转达蒋先生速即决策。互派正式代表谈判停战抗日的具体条件。拟具国共两党抗日救国协定草案，送呈卓览。寇深祸急，愿先生速起图之。

毛泽东　周恩来　十月五日

此信虽然简短，但可谓言简意赅，条理清晰，言之有物，言之有理。尤其是在阐述道理的过程中，将张学良在实现西北各军停止内战，以及劝蒋在停止内战，实现国共两党为抗日救国而做出新的选择的重大问题上所应该起到的重要作用，说得十分清楚明白。其实，就此信的本身，不管是张学良看了，还是其他任何具有爱国思想的人，都会感到，在中华民族生死存亡的重大问题上，做出抗日救国的决断，将是唯一的选择。

张学良看了这封信后，对中共再次申明"停止内战，一致抗日"的主张非常赞同，也更加坚定了他联共抗日的决心。他决定找机会面见蒋介石，说服他放弃剿共方针，联共抗日。

蒋介石眼看着日寇在华北、在平津、在察北和绥东的新的侵略行径即将开始，民族危机更加严重。然而，他置民族危机于不顾，急迫地想把"剿共"内战打胜。当他得知西安张学良与杨虎城有联共嫌疑时很生气。但是他自信，张学良、杨虎城不敢不服从他的命令。从这一点说来，蒋介石真的过于自信了。

10月22日，蒋介石来到西安，听取了他的一些心腹的汇报。当他了解到张学良、杨虎城对他部署的剿共计划执行得很不积极，收效当然也不大，非常恼火。不过，他还故作姿态，请张学良、杨虎城陪着他游览名胜古迹，与张学良聊天，问张学良眼下正在读什么书，而张学良很认真地告诉他，他正在读《唯物辩证法》和《政治经济学》两本书。蒋介石听了张学良的回答，很不高兴，像训斥儿子似的对张学良说，这种书都是外国人写的，不适合中国的国情。你看了是会中毒的，以后不许你再看这些书。张学良什么都没说，只是付诸一笑。

两天后，蒋介石宣布了他的大举"剿共"计划。张学良苦劝蒋介石停止内战，一致抗日的频率也就越发高了，而得到的却只能是蒋介石更加严厉的训斥。

1936年10月27日，蒋介石在西安王曲军官训练团训话，他又发了一通"日本离我们很远，危害尚缓"和"共产党不以民族为本位，不论其标榜如何，政府坚决贯彻'戡乱'方针"的厥词，站在一旁陪同的张学良，心里着实不好受。第二天，张学良找到谒见蒋介石的机会，又向他说出了建立抗日统一战线的计划。蒋介石明白张学良的用意，不等张学良的话说完，打断了他的话，以赌咒发誓的腔调说：

"直到中国土地上每一个红军都被消灭，每一个共产党都被关进监狱，那时再来谈论这一问题。"

尽管蒋介石这样说，张学良以为自己的苦劝工作仍没有做到家，于是，他借给蒋介石在洛阳祝寿的机会，再次劝蒋介石停止内战，联共抗日。可是，张学良刚一张嘴，话还没进入正题，蒋介石已经意识到他要说什么了，马上把张学良的话堵住，训斥张学良不要叫共产党的"迷魂药"给迷住了……

蒋介石为了给张学良"泼冷水"，在军事干部会议上指着张学良训道："你们要知道，日本是皮肤之患，不足为患；共产党才是心腹之患，必须彻底消灭。'剿共'是我们既定的政策，也是国家的根本大计，决不能动摇。就是有人拿枪打死我，我也不变更！"最后，他又指桑骂槐地说："我认为，勾结日本是汉奸，勾结共产党也是汉奸！"

蒋介石把话已经说到如此程度，张学良只好回西安了。

此后，只要有机会，张学良仍旧要苦劝蒋介石联共抗日，最后，张、蒋两人为此而到了争吵、拍桌子的程度，蒋介石气愤地对张学良说：

"全国只有你这样看，除了你张汉卿，除了西北，谁敢这样批评我！我是委员长，我是革命政府，我这样做就是革命，革命的进来，不革命的滚出去！"两人僵持在那里。

事已至此，张学良认为，即便是再劝，蒋介石也不可能回头了。于是，他只好走下一步了。

兵谏蒋介石之前

★★★★★

（35岁）

一天下午，张学良对卫队手枪营的士兵训话时说道：

"东北的父老姐妹们在日本人铁蹄之下，处在水深火热之中，翘首盼望我们去救他们，可是我们在这里打内战……""我们苦，还有的军队更苦，他们到现在还穿单衣，士兵连盐都吃不到。可他们精神百倍，唱起歌来，打起仗来都很出色。日本人要亡我中华，我们为什么要中国人打中国人？"张学良说到这里，眼圈红了，声音哽咽着，说不下去了。卫队营的官兵见张副司令如此动情，也都被感动得哭了。他们听完张学良的训话之后，情绪激昂地唱起了《中国人不打中国人》、《打回老家去》、《义勇军进行曲》等歌曲，俨然一副整装待发、杀向日本侵略者的阵势。

1936 年 11 月下旬，张学良在平凉召开了一次秘密会议，与会人员有王以哲、于学忠、高福源、唐君尧等张学良的心腹将领，西北军只有杨虎城参加。会议的主题就是实行兵谏，这次会议是西安事变的准备会议。

11 月 27 日，张学良向蒋介石发出《请缨抗敌书》，讲日寇侵华形势的严峻，再次表达东北军将士抗日的决心。

11 月底，张学良对叶剑英说："内战我绝对不打，只有一个办法，就是'苦迭打'"。"苦迭打"是法语"政变"的意思。

叶剑英明白张学良的意思，对张学良说："蒋不抗日，有些人不认识，抓起他来，会出现全国大分裂，人民一时不了解我们，会使我们孤立。"中共方面知道张学良的打算后，曾派人劝说张学良要慎重。

1936 年 12 月初，戴笠向蒋介石报告，根据陕西站站长江雄风的紧急情报称，张学良与陕西的共产党某一负责人正在进行秘密接触，内容不得而知。又据西北"剿共"第三科科长王新衡报告，张学良与中共某要人确有接触。

尽管戴笠已经说了，只是知道张学良跟陕西和中共某要人有接触，至于具体细节不得而知，可是，蒋介石仍旧急切地追问在什么时候，在什么地方，到底谈了什么事情。这一连串的问题，戴笠无法回答，只好向蒋介石下保证，他一定不惜一切代价，弄清详情。蒋介石一面嘱咐戴笠，有最新的情况一定随时报告，同时，也没忘了要戴笠严加保密。这时，有人送来张学良的电报，电报的内容是张学良对蒋介石的指责，说明进剿陕北红军不力的理由，是因为军队内部情形复杂，请求蒋介石亲临西安召集干部面予训勉，以安定军心，重振士气。

对张学良的这封电报，蒋介石虽然没有发火，但脸色难看，当即表示，他要亲自去一趟，"面加教谕，统一军心，或可挽回局势"。

12月2日，张学良来到洛阳，既是欢迎蒋介石的到来，也是继续向蒋介石进言，要求停止"剿匪"，一致抗日；要求释放上海救国会七君子。蒋介石听了张学良的话，勃然大怒，张学良不服，两人发生冲突。

张学良急了，指责蒋介石道："你这样专制，这样摧残爱国人士，和袁世凯、张宗昌有什么区别。"

蒋介石严厉地表示："我是革命政府，我这

▷ 蒋介石（右一）到西安督战，杨虎城（中）张学良与其合影。

样做就是革命! 匪剿不完, 我决不抗日。"

张学良对蒋介石顽固剿共的态度, 深感绝望。回到西安, 他问杨虎城怎么办, 杨虎城给他出了一个"挟天子以令诸侯"的主意。其实, 这样的办法, 张学良真的从来都没想过, 他暗想, 这不是兵谏扣蒋吗? 张学良犹豫了, 他对杨虎城说, 容他再想一想。

1936 年 12 月 4 日, 蒋介石由洛阳乘坐专列到达西安城东 40 里的临潼, 驻扎在骊山脚下的华清池, 下榻在五间厅内。

蒋介石这次来西安, 是督促张学良、杨虎城围剿红军的。蒋介石一身戎装。不但他本人煞有介事, 而且还带了大批高级将领, 准备在西北与中共红军决战。与此同时, 他调集 30 万中央军正在向临潼集结。蒋介石相信, 这次军事行动, 逼迫张学良、杨虎城按着他的部署, 彻底消灭共产党和红军。一时间, 西安政局紧张, 形势险恶。根据这样的势态, 张学良、杨虎城相应作出了"集结待命, 随时准备行动"的军事部署。

张学良毕竟与蒋介石是"把兄弟", 他明明知道蒋介石是反共到底, 可还是在兵谏之前, 对蒋介石来了一出"哭谏"。张学良声泪俱下地劝蒋介石, 时间长达两三个小时, 而蒋介石面对张学良的"哭谏"不为所动, 却怒斥张学良年轻, 受了共产党的宣传蒙骗, 并对张学良说: "你现在就是拿枪打死我, 我也不会改变削平内乱的政策。"

张学良"哭谏"的失败, 才使他真正下定决心实行"兵谏"。

张学良与杨虎城对"兵谏"做了周密的准备和详尽的安排, 确保万无一失。

→ 活捉蒋介石

★★★★★

（35 岁）

1936 年 12 月 11 日午夜 12 点，传令官谭海骑摩托车飞速到达李铁醒驻地。李铁醒接过张学良的手令，手令的内容是这样的：

令李铁醒带第一团七个连即刻到临潼华清池请蒋委员长来西安，停止内战，要求抗日，对蒋委员长不得有所伤害，此令。张学良。

此手令清楚明白，要李铁醒带着部队去"请"蒋委员长，目的是停止内战，要求抗日。而在"请"的过程中，对蒋委员长不得伤害，这一点很重要，人家要是"不识恭敬"，也就可能发生意外，既然发生了意外，也就难免要有所伤害。因此，张学良充分考虑到了这一点，所以进行了特殊强调。

李铁醒看完了张学良的手令，问谭海他

归谁指挥，谭海回答，归刘多荃师长指挥。并且告诉他，刘多荃师长在临潼南门外公路岔路口等你们。

凌晨 2 点，张学良和高级将领们在绥靖公署大厅等候逮捕蒋介石的消息。张学良神情有些紧张，他在大厅里来回不停地走着，一口接一口地吸着烟。这时，张学良亲拟了致毛泽东、周恩来的电文：

东、来兄：

……吾等为中华民族及抗日前途利益计，不顾一切，今已将蒋及重要将领陈诚、朱绍良、蒋鼎文、卫立煌等扣留，迫其释放爱国分子，改组联合政府，兄等有何高见？速复，并将红军全部集中环县，以便共同行动，以防胡敌南进。

弟毅文寅

胡，即指胡宗南和毛炳文等人的军队，毅即指李毅。李毅、李宜均为张学良的代号和化名。

华清池在陕西临潼县城南骊山北麓。唐开元十一年引温泉水置温泉宫，天宝元年改为华清池，并建长生殿，是唐明皇和杨贵妃穷奢极欲生活游宴之地，景色富丽堂皇。蒋介石相中了这个地方，只要他来西安，就住在这里的五间厅。

1936 年 12 月 12 日凌晨 1 时，张学良向卫队营全体官兵发出了活捉蒋介石的命令。

按照张学良的指示，白凤翔、刘桂五（抗战中牺牲）率部乘汽车赶到华清池门前，劝说蒋介石的警卫打开大门，但遭到

△ 西安事变时杨虎城和张学良两位将军在此将蒋介石抓获

拒绝。下令士兵强行进攻，有的战士在弹雨中攀墙翻进院子，打开大门，李铁醒率先头部队冲进去，占领了前院。这时，前院蒋介石的侍卫队和宪兵退守到内院，凭借二门和内院第二道桥前的假山，以猛烈的机枪扫射阻挡东北军的进攻。当火力稍有减弱时，东北军士兵趁机冲进大门，双方展开了一场短兵相接的肉搏战。

王玉瓒营长见时机已到，举起手枪向华清池二道门哨兵连放三枪，全营士兵以枪声为令开始进攻。蒋介石的卫兵只好拼命抵抗。顿时，枪声、手榴弹的爆炸声、喊叫声四起。

第四道门终于被打开，白凤翔、刘桂五等人带领部下顺利冲进了大门，他们冲到了蒋介石住的房子前面。但是，当他们闯进蒋介石的居室，却不见人影，而发现蒋介石的衣帽、假牙、黑斗篷大衣俱在，床上的被窝还是温暖的。根据这些情况判断，蒋介石并没有逃得太远。于是，他们在四处搜查起来。

当黎明悄悄来临的时候，王玉瓒和官兵们突然在后墙根发现一只鞋，王玉瓒意识到，蒋介石可能翻墙逃跑，隐藏到骊山上去了。于是，王玉瓒下令，搜查骊山。结果，蒋介石和一名侍卫真的躲藏在骊山的半山腰上，侍卫被当场击毙，而蒋介石终于被活捉。

→ # 蒋介石被捉之后

★★★★★

（35岁）

被捉住的蒋介石是很狼狈的，只见他身穿古铜色绸袍和白色睡裤，光头赤脚，满身尘土，面色灰白，手和脚被划破了，渗出了血痕。开始，蒋介石以为自己被红军捉住，不知所措。可是，当他知道是张学良的东北军捉住了他，他立即收起了无所适从的神情，而是强硬地说：

"你们就是打死我，我也不能下山。"东北军军官说："我们是来请委员长抗日的，为什么要打死你呢? 副司令请你进城是为了抗日救国，快下山吧。"东北军军官见蒋介石不动，明显是在放赖，就背起蒋介石，一直奔公路走来。来到公路，蒋介石坐在公路上，再次耍泼，喊叫着要见张学良。刘桂五大喊道:"吹号欢迎委员长进城! "于是，号兵吹响了号角，在场的官兵一齐拍手欢迎。蒋介石从地上起来，顺势坐进一辆小轿车，刘多荃、白凤翔等人坐车紧随其后。

进了西安城，蒋介石被安置在西安新城大楼。张学良立即前去探望，见到蒋介石就道歉，而蒋介石却认为张学良如此兴兵动戈地抓他，肯定不怀好意，感到自己的生命受到了严重的威胁。不过，他还是装出一副无所畏惧的样子，蛮横地对张学良说:"你不要叫我委员长，我不是你的委员长，你也不是我的部下! "尽管蒋介石根本不想听张学良说什么，但是，张学良仍旧按照自己的思路，一路说了下去。后来，蒋介石趴在桌子上，捂起了耳朵耍赖。见此情景，张学良只好无奈地告辞出来。

这时，张学良、杨虎城将八项主张通电全国：

（一）改组南京政府，容纳各党派，共同负责救国；（二）停止一切内战；（三）立即释放上海被捕之爱国领袖；（四）释放全国一切政治犯；（五）开放民众爱国运动；（六）保障人民集会结社，一切政治自由；（七）确实遵守总理遗嘱；（八）立即召开救国会议。以上八项，为我等及西安军民一致之救国主张，望诸公俯顺舆情，开诚采纳，为国家开将来一线之生机，涤以往误国之愆尤。大义当前，不容反顾，只求于救亡主张贯彻，有济于国；为功为罪，一听国人之处置。临电不胜迫切待命之至。

　　活捉了蒋介石，又将停止内战，一致抗日的"八项主张"通电了全国，张学良终于出了一口长气，继而，竟有些神采飞扬了。不过，张学良知道，西安事变才仅仅是开始，当务之急是要请中共派代表团来西安，一定要周恩来先生来，共商抗日救国大计。按照张学良的指示，刘鼎马上将这一消息报告中共中央。

　　不过，张学良似乎乐观得早了些，麻烦事情接连出现，先是张学良得到可靠情报，绥靖公署内部的奸细要营救蒋介石。张学良、杨虎城只好将蒋介石挪了地方；张学良、杨虎城等19人联名致电国民党中央执行委员会、国民党政府主席林森以及各院部会，提出八项要求后，张学良还以个人名义致电宋美龄。

　　宋美龄忽闻丈夫生死不明，立刻昏了过去。她连夜与孔祥熙还有端纳急忙返回南京。宋美龄力排众议，主张对事变不采取"急剧之步骤"，随即派端纳赴西安，主要是查明情况。同时，宋美龄给张学良发了电报，电文内容有这样几个特点，一是肯定张学良此举是为了"御侮抗敌"，为此，她表明态度："一切救国抗敌主张，当取公意。只要大多数认为可，介兄个人，当亦认同。"二是对事变的发生，是"一时之情感，别具苦衷"，表示理解；三是与张学良套近乎，要张学良照顾好蒋介石的起居，"容当面谢"。事已至此，宋美龄也只好强装笑颜，跟张学良客气了。

孔祥熙听到西安事变的消息，立即肯定张学良此举为"爱友爱国"，接着以为触到了张学良的痛处，"或兄痛心于失地之久未收复，及袍泽之环词吁请"，这样说，似乎有沾私利，略显小家子气，于是，笔锋一转，又回到了"爱国之切，必有不得已之苦衷"。孔祥熙认为只有这样说来，话才委婉，才得体。

张学良回电严正申明："弟等抗日主张，敢信万分纯洁，决不愿引起内争，如有违反民意，发动内战者，自当独负其责。"张学良的严正态度，从根本上否定了孔祥熙的说法。

孔祥熙再来电报，态度就强硬起来，什么"劫持领袖"、"悬崖勒马"等措辞，一副翻脸不认人、兴师问罪的嘴脸。

其实，事情到了这样的程度，蒋介石在张学良手里，似乎软硬都难以解决问题。于是，孔祥熙又动了说和人，请能和张学良说上话的王树翰当说客，继而又请张学良妻子于凤至及子女从英国拍电报给张学良，劝其送蒋介石回南京。

不管孔祥熙怎样软硬兼施，张学良始终坚持"纯为积极实现抗日救国主张"。

国民党南京政府眼见张学良软硬不吃，于是，于1936年12月17日，国民党中央军三个师进入潼关，空军轰炸三原、富平。张学良面对南京讨伐派的气焰，毫不示弱，于19日又致电孔祥熙，再次声明，自己的行动，出于抗日，并非有其他目的。表现出威武不屈，对正义和力量的信心。同时，张学良再次给毛泽东、周恩来发电报，再次相邀周恩来来西安帮忙。中共中央回电，要刘鼎随时准备用张学良的专机去迎接中共代表团。

12月17日，以周恩来为首的中共代表团到达西安，住进了张学良公馆。张学良设晚宴欢迎中共代表团的到来。当晚，张学良与周恩来进行了亲切的会谈。张学良向周恩来介绍了主要情况，他说，在团结抗日问题上，无论他怎么劝，蒋委员长就是听不进去，顽固地坚持错误政策，准备进行大规模内战，逼迫东北军、十七路军配合中央军消灭红军；不捉蒋，就无法使他改变，内战就不可能停息；捉蒋，就能促他反省，逼他停止内战，达到联合抗日的目的。现在具备了这样的可能性。张学良主张只要蒋委员长答应八大主张，停止内战，一致抗日，就应放蒋拥护其做全国抗日的领袖，这就是他们逼蒋联共抗日的方针。

周恩来听了张学良的观点，同意他的分析。周恩来说：西安事变的手段虽然是"军事阴谋"，但西安事变要求停止内战，一致抗日，确实符合国共和全国人民的要求，事变是为了要求抗日救国而产生的，它将以西北的抗日统一战线去推动全中国抗日统一战线的建立。

对于捉蒋问题，周恩来这样分析说：事变的前途有两种可能，一种是可能争取蒋介石停止内战，一致抗日，这会使中国今后走上更好的前途，应该争取西安和南京在团结抗日的基础上和平解决矛盾，走团结抗日的前途，必须反对新的内战；另一种可能是杀掉蒋介石，会引起新的更大的内战，使中国走上更坏的道路。

周恩来对于西安事变的利弊，也分析得很透彻。

周恩来最后表示，中国共产党对西安事变

△ 西安事变时,周恩来(右)和秦邦宪(左)、叶剑英(中)在西安的合影。

深表同情，决定对张将军和杨虎城将军给以积极的实际的援助，使西安事变的抗日主张能彻底实现。

在这次谈话中，张学良与周恩来还研讨了一旦南京进攻西安的时候，如何打好防御战。周恩来说：如果南京军队进攻，必须给予沉重的打击，促其反省，这种防御战不是为了扩大内战，而是为了阻遏内战，促成全国抗日统一战线的建立。

周恩来还与杨虎城将军进行了单独会晤。杨虎城对和平解决西安事变的方针抱有疑虑，怀疑蒋介石是否同意抗日，更担心蒋介石的报复。但经过周恩来的分析解释之后，杨虎城也表示同意和平解决西安事变的主张。

张学良与蒋介石的谈话，实际上是蒋介石面对着张学良而鼻涕一把泪一把的过程。蒋介石之所以这样，主要是因为他被张学良捉住了，弄到如此地步，他已"无颜面见江东父老"。其实，他所谓的没了面子，只是没了在同情与支持他"攘外必先安内"的人们面前没了面子，而在爱国的人们面前，在广大的劳苦大众面前，他从来就不曾有过面子，也就根本谈不到面子问题了。

张学良与蒋介石谈话后，就准备实现他自己说的话，只要蒋介石答应抗日，就送他回南京。

宋子文将来西安见到蒋介石的整个过程向宋美龄作了汇报，在孔祥熙的支持下，宋美龄、宋子文来到西安，与张学良、杨虎城、周恩来谈判。

谈判前，蒋介石让宋子文与张学良一起去见周恩来。周恩

△ 宋子文

来告诉宋子文，中共已原则上同意取消苏维埃政府及在中央政府的领导下作战。若蒋介石同意抗日，中共可不要求参加改组后的国民政府。"他们欲支持者非委员长个人，而系出于民族之大义。"

由周恩来的谈话要点足见中共方面做出了极大的让步，简而言之，只要蒋介石同意国民党政府抗日，中国共产党出于民族大义，给予支持。

1936 年 12 月 23 日下午，宋子文与张学良、杨虎城、周恩来就已开始讨论国民政府新内阁人选。亲日分子不能入阁，这是谈判问题的焦点。

谈判后，宋子文与宋美龄一起向蒋介石作了

汇报，蒋介石的答复是：一、他将不再担任行政院长，拟命孔祥熙博士担任。新内阁绝不会有亲日派。二、返回南京后，他将释放在上海被捕七人。三、设西北行营主任，由张学良负责。四、同意将中央军调离陕、甘。五、中共军队应当易帜，改编成正规军某师之番号。六、中日一旦爆发战争，所有军队一视同仁。七、派蒋鼎文将军去命令中央军停止进军。八、将与张学良讨论双方共同撤军。在离开西安后宋子文将上述答复交张、杨及周。

谈判一直到12月24日上午才结束。至此，西安事变获得了和平解决。

➡ "摔三杯"与"负荆请罪"

★★★★★

（35岁）

西安事变虽然结束了谈判，三方同意和

平解决，但事情还没算完。

1936 年 12 月 24 日晚，张学良和杨虎城在绥靖公署新城大楼举行告别宴会。参加宴会的是三方人士：张学良、杨虎城及其师级以上将军；蒋介石、宋子文及其随行人员；周恩来、叶剑英及其随行中共人员。

宴会开始，神情威严的张学良首先站起来，高举酒杯，激昂地说道：

"委员长、周副主席、诸位兄长，你们受惊了。我采取的这个行动，是不得已的，是请委员长共同抗日。我是有国仇家仇的人。希望在座的，为促进抗日运动献策出力，干杯！"张学良一饮而尽，然后激动地将酒杯摔在地上，酒杯被摔得粉碎。

周恩来向众人敬酒，在座的人，都懂得他这是在打圆场，其实，中国共产党在对待和处理西安事变的问题上，又何尝不是去了个打圆场的角色呢！周恩来举着酒杯，对大家说道：

"委员长、汉卿和虎城两将军、百里先生和各位老朋友，张、杨两将军的行动，在促成团结方面贡献最大，通过这件事，希望各方面联合起来，团结起来。我提议，为诸位的健康，为张、杨两将军的贡献，干杯！"

周恩来不愧为伟人，说出话来，真的是滴水不漏，须臾不离使命。他为西安事变的谈判而来，处于化解蒋、张、杨之间矛盾的位置，他强调的是张、杨在西安事变事件上作出的贡献，并为此而干杯。听了周恩来的话，稍微有点良知，有点良心的人，都应该往心里去，甚或为此而动容的。比较而言，蒋介石以及追随者们，又会作怎样的感想呢？

这时，张学良又向众人敬第二杯酒："一个人要有救国救民的志向。有了志向就要努力去实现。我有我的志向！"说到这里，他泪流满面，继续说："现在国难当头，东北沦陷，华北危在旦夕，国家兴亡，匹夫有责。南开大学校长张伯苓说过'中国不亡有我'，我们军人更应当有'中国不亡有我'的气魄！"说完，他将酒一饮而尽，再一次将酒杯摔得粉碎。

当宴席进入尾声的时候，张学良举杯来到蒋介石面前，恭敬地说："委员长，我这次行动的唯一目的，是拥护委员长抗日，我的国仇、家仇都没有报，我是中国民族的罪人。您如果与我有共同心愿，也许不会有此事发生。希望委员长回到南京，说到做到。东北不收复，我死不瞑目！为委员长的健康干杯！"张学良不管蒋介石喝不喝，他再次举杯，将酒喝了下去，又将酒杯摔得粉碎。

此时的蒋介石，只有尴尬，还能怎么样呢？他沮丧地借口身体不好，酒也不能喝，这时，宋子文急忙代蒋介石喝。

张学良一连摔了三次酒杯，表达了他的义愤。然而，杨虎城对张学良放走蒋介石的做法表示反对，他认为，张学良是受了宋美龄、宋子文以及端纳的情感诱惑。这种做法，是有违初

△ 西安事变后第三天，张学良阅读蒋介石的顾问端纳（英籍澳大利亚人）带来的宋美龄的信。

衷的。但是，张学良对杨虎城生气地说，对于这样的国家大事，岂是私情问题，我们不顾一切的行动，是为了发动要求蒋委员长领导我们抗日，既然已经确知抗日前途有了着落，我们还要蛮干下去，必然使内战扩大，而又要失去蒋委员长的领导，走向相反的方向，那才是真的反初衷呢！送蒋委员长回京，上断头台，我一人承当，我决不牵扯累任何人。

张学良义愤高涨，杨虎城也就不好再说什么

了。

张学良知道，蒋介石想安全离开西安，其实也难。因为杨虎城不想放走蒋介石。于是，张学良感到事情严重，便找宋子文商量，宋子文认为，杨虎城在西安城周围有驻军九个团，他可用兵强扣委员长，形势极为危险。而张学良在城周只有一个团，遂命其部做好秘密准备，以防突袭。

此时，张学良处于两难的境地，他准备送蒋介石回南京，可是，杨虎城既不同意放走蒋介石，也不同意张学良亲自送蒋介石回南京，认为那样一去，只能是凶多吉少，甚或是自寻死路。而张学良留下了手令，嘱于学忠以及自己的部下，在自己离开的时候，听从杨虎城的指挥。对于张学良的决定，赵一荻坚决不同意，但她说服不了张学良。

1936年12月25日下午3时，张学良与蒋介石、宋美龄同车到达飞机场。

张学良走了之后，赵一荻不知如何是好。此时，她想到，这事应当问问周恩来先生，也许他能有办法劝阻张学良去南京。周恩来听说此事，立即驱车直奔机场。可是，周恩来毕竟晚了一步，当他赶到机场时，飞机已经升空。周恩来望着渐渐远去的飞机，感慨地说："汉卿是看《连环套》那些旧戏中毒了，他不但摆起队列送'天霸'，而且还要'负荆请罪'呢！"

蒋介石乘坐的飞机没有直飞南京，而是先在洛阳站了脚。

△ 张学良公馆

到了洛阳的蒋介石，脸色马上就变了，他命令张学良，要他立即放还被扣在西安的陈诚、卫立煌、蒋鼎文、陈调元四人，张学良只好依从。蒋介石不无得意地对张学良说："汉卿，我回到南京一定会受到热烈的欢迎，你同机去不是很尴尬吗？如果你真要去南京，就乘你自己的专机吧。"

张学良和宋子文乘他自己的专机飞往南京。

下了飞机的蒋介石立即发表声明：张学良和杨虎城是受到他伟大人格的感召，才送他回南京的。

局内人听他这样说，是不是在心里撇嘴呢？他们不禁要问：“蒋公”的伟大人格，究竟在何处体现？而他的人格魅力，究竟感召了谁呢？

→ 失去自由的岁月

★★★★☆

（36—101岁）

从1937年开始到1959年22年间，张学良一直过着被蒋介石软禁、失去自由的生活。

1937年1月4日，国民政府发布特赦令，但仍将张学良交军事委员会严加管束。从此，张学良开始了被软禁的生活。

多年来，张学良被迫搬了许多次家，开始在浙江奉化溪口镇雪窦山中国旅行社，同年冬，被迁移到安徽黄山"听涛居"，十天后又被迁移到江西萍乡"绛园"。1938 年 1 月，被迁移到湖南郴州苏仙岭；同年 3 月，又被迁移到湘西沅陵凤凰山；1939 年 11 月，日军进犯湖南，张学良被迁移到贵州修文县阳明洞；1940 年 2 月，于凤至因病赴美就医，赵一获由香港到阳明洞陪他幽居；1941 年，张学良因患盲肠炎到贵州中央医院做手术，术后被迁移到贵州黔灵山麒麟洞；1942 年 2 月，张学良被迁移到贵州开阳县刘育乡；1944 年春，被迁移到一个叫阳朗坝的地方；初冬，又被迁移到黔北桐梓县天门洞；1946 年 11 月，被迁移到重庆戴笠公馆。不久被骗到台湾新竹井上温泉；1954 年 5 月，蒋介石在其官邸会晤张学良；1955 年，蒋介石要写《苏俄在中国》，因对"西安事变"不了解，请张学良写出来。张学良写信给蒋介石，说此事本至死不写的，今你鞠躬下问，我就鞠躬以告，乃至详述经过。此信长达 20 万字（蒋介石看后，叹服其文笔，要张学良多写些北洋时代的事）。蒋介石将此信交给蒋经国，蒋经国又批交军中当教材，因而发表在《希望》杂志上。张学良得知后，写信给蒋介石，提出不同意见。蒋介石接信后，责怪下来，《希望》杂志就此停刊。1956 年，张学良在蒋介石的英文老师董显光、东海大学校长曾约农的引领下，皈依基督教，从此不再治史，也不再写文章。1957 年 9 月，蒋介石 70 寿辰前夕，张学良托人送蒋介石一块金表，以示祝贺。

蒋介石回赠一根拐杖，表示谢意。1959 年，蒋介石下令解除对张学良的管束。

晚年的张学良，人生最后的时光，是在美国夏威夷度过的。他虔诚地信仰基督教，清心寡欲，心无所求。

2001 年 10 月 14 日，张学良将军因病抢救无效在美国夏威夷逝世，享年 101 岁。

后 记

爱国主义精神铸就人生的辉煌

张学良谋划、发动了西安事变，可谓做出了惊天动地的大事，由此铸就了他人生的辉煌。张学良的英雄事迹，对人们来讲，是有着重要启示的。

读书时期的张学良，就初步认识到，民主与国强才是使中国发展进步的根本和唯一出路。当他步入社会之后，看到一个本来不大的奉天城，当时的所谓发达国家，基本都驻有领事馆或租界，而在这一点上，日本表现最为突出，不仅有总领事馆和租界，而且还有警察署、独立守备队、特务机关等等，由此使他感到，国家的积贫积弱，是遭人欺负的根本所在，爱国意识油然而生。

为了爱国，他毅然学军事而又从军，从点滴做起，经过战火硝烟的洗礼，终于成为将军，成为东北军的首领。在这样的过程中，他领教了世事的艰难与复杂，体尝到了"家里不和外人欺"的痛苦滋味，于是，为了爱国，为了实现祖国哪怕是形式上的统一，他以为也应该全力以赴而为之奋斗。

当他按照蒋介石的"攘外必先安内"的不抵抗政策，率领东北军撤离东北之后，他背负着被国人唾骂的压力，才越发感到，只有实现抗日民族统一战线，才是实现爱国理想的唯一出路。于是，经过许多周折，终于以兵谏的方式，使蒋介石不得不屈从，使震惊中外的西安事变画上了句号。

国难当头，外敌入侵，只有高唱着《义勇军进行曲》，迎着敌人的炮火勇往直前，才是真正的爱国；只有为实现爱国的伟大理想而忘我地工作，为实现爱国的伟大理想而不惜献出或牺牲自己的一切，才是"匹夫"应有的行为。在这一点上，张学良为国人树立了典范与楷模。

时代在不断地发展和进步，爱国的光荣传统，是需要继承和不断发扬光大的。我们要身体力行，奋力行前，为中华民族的伟大复兴与新的崛起注入新的活力和生机。